Olaf Ihlau
Der Bollerwagen

Olaf Ihlau

Der Bollerwagen

UNSERE FLUCHT AUS DEM OSTEN

Bassermann

ISBN 978-3-8094-4757-3

1. Auflage
Genehmigte Sonderausgabe
© 2023 by Bassermann Verlag,
einem Unternehmen der Penguin Random House Verlagsgruppe GmbH,
Neumarkter Straße 28, 81673 München

© der Originalausgabe 2014 by Siedler Verlag,
einem Unternehmen der Penguin Random House Verlagsgruppe GmbH,
Neumarkter Straße 28, 81673 München

Projektleitung dieser Ausgabe: Martha Sprenger
Umschlaggestaltung: Rothfos + Gabler, Hamburg
Satz: Ditta Ahmadi, Berlin
Reproduktionen: Aigner, Berlin
Herstellung: Franziska Polenz

MIX
Papier | Fördert
gute Waldnutzung
FSC® C014496
www.fsc.org

Penguin Random House Verlagsgruppe FSC® N001967

Druck und Bindung: GGP Media GmbH, Pößneck

Printed in Germany

118500500214

Inhalt

Vorwort

Vielleicht muss man erst in seinen Siebzigern sein, um sich einen möglichst unverstellten Blick auf sein eigenes Leben und das seiner Familie gestatten zu können. Einen, bei dem berufliche Erfolge oder Niederlagen, abstruse Auseinandersetzungen und persönliche Verwundungen keine größere Rolle mehr spielen. Bei dem es sich auch nicht mehr lohnt, geschlagene Schlachten nochmals zu beschauen, gar ihnen eine neue Bedeutung zuzuweisen. Sie wirken in der Rückschau bisweilen lächerlich. Tempi passati.

Der Autor, auf dessen Geburtsschein »Königsberg (Pr.)« steht, legt hier einen Rückblick vor auf Kriegskindheit, Flucht und Jugend. Von der ostpreußischen Stadt hat er als Kleinkind kaum etwas gekannt, wohl aber ihren Untergang mitbekommen. Und klar erinnern kann er sich an die dramatischen Stationen einer langen Flucht. Dazu gehörte zunächst das Absetzen aus Königsberg in den Sudetengau, und dann ein fünfhundert Kilometer langer Elendsmarsch, ein halbes Jahr nach Kriegsende, bei dem die Mutter ihn in einem Bollerwagen vom Osten in den Westen brachte. Mit ihm, dem treuen Helfer, zogen die

Flüchtlinge später auf Hamstertouren durch den oberbayerischen Chiemgau, meist vergeblich. Flüchtlinge, zumal evangelischen Glaubens, hatten damals keinen allzu guten Stand in der stockkatholischen Region. Jahre später karrte der Bollerwagen Schrott aus den Trümmerbergen Kölns, war nützlich im Garten des Hauses im Bergischen Land. Er war immer mit dabei und steht nun als Familienreliquie, von der sich der Autor nie trennen mochte, auf Ibiza, in einer Finca mit prächtigem Meeresblick.

Dieses Buch, zu dem mein Artikel im *Zeit-Magazin* vom 19. September 2013 Anstoß gab, ist in allererster Linie ein Zeitzeugnis. Es ist im Vorbeiziehen der Erinnerungen an die frühen Prägungen des Lebens aber auch ein Stück Selbstbefragung und Selbstbetrachtung. Warum arrangierten sich die Eltern, Vater wie Mutter Künstler, so opportunistisch mit dem nationalsozialistischen Gewaltregime? Das suchte der Student zu erkunden und löste damit einen lang andauernden Familienkonflikt aus. Im Wirtschaftswunder der Adenauer-Epoche wollten die wenigsten etwas von individueller Vergangenheitsbewältigung wissen. Da wurde viel verdrängt und abgehakt, die Funktionseliten von gestern waren sehr bald wieder in führenden Positionen. Mancher Leser mag hier Teile seiner eigenen Familiengeschichte wiedererkennen oder zumindest erahnen, was die Altvorderen erlebt und gedacht haben. Hierfür sind die Tagebücher des Vaters, die er seit seiner Studentenzeit über die Kriegs- und Nachkriegsjahre

hinweg führte, als Dokument eine Quelle von un-
schätzbarem Wert.

Der Bollerwagen, gleichsam ein Kompositions-
element dieses Buches, ist das Vehikel, welches den
Autor durch die Jahrzehnte zieht, mit all ihren Wir-
ren und Verwerfungen – wobei das Persönliche im
Vordergrund der Wahrnehmungen steht. Es gibt ja
nicht mehr allzu viele Zeugen der sogenannten Er-
lebnisgeneration, die über diese Zeitläufte noch berichten können oder wollen. Zu wünschen wäre, dass
es im Zeitalter der Spaß- und Eventkultur doch noch
den einen oder anderen gibt, den solche Erinnerungen interessieren. Jedenfalls sind sie authentisch.

Olaf Ihlau
im August 2014

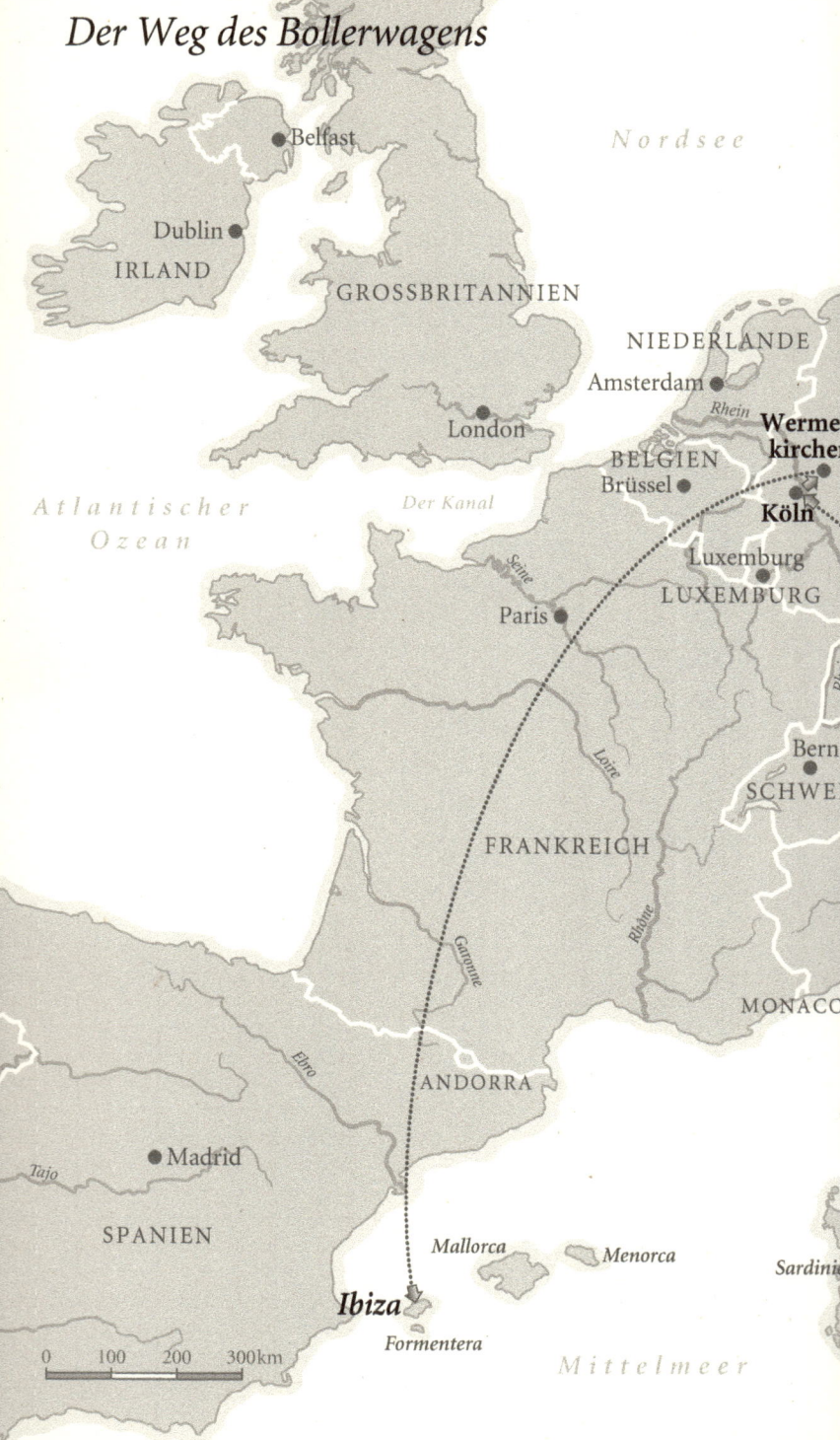

Der Weg des Bollerwagens

Königsbergs Untergang

Wie weit zurück reicht das Gedächtnis eines Kindes, sodass von wirklich Erlebtem, von Prägendem die Rede sein kann? Oder sind dramatische früheste Erinnerungen, die in einem aufsteigen, in Wirklichkeit nur nachträgliche Einbildungen, gleichsam Einflüsterungen aus den Erzählungen Erwachsener?

Kinder denken in Bildern. Das Kind, zweieinhalb Jahre alt, liegt in seinem Bettchen, den braunen Teddy im Arm, und starrt verschreckt auf das Fenster. Dahinter geschieht Unheimliches: Ein glutlodernder Himmel ist auszumachen, durch den Funkenschwärme stieben, dazu ein schreckliches Geheule, das von Alarmsirenen stammt. Es ist die Nacht, in der Königsberg stirbt. Die ostpreußische Hauptstadt verglüht am frühen 30. August 1944 beim zweiten Luftangriff der Briten im Feuerball der Phosphorbomben.

Das staunende Kind erinnert sich, dass am Morgen nach dieser Nacht der Großvater auf dem Hof vor dem Haus steht. Verdreckt und schwarz im Gesicht wie ein Schornsteinfeger. Neben ihm ein Handwagen mit Koffern. »Das ist alles, was ich noch retten konnte«, sagt der erschöpfte Mann und fällt seiner

Tochter weinend in die Arme. Das Familienhaus auf dem Hintertragheim im Zentrum der Stadt ist von den Bomben getroffen worden und ausgebrannt. Den Handwagen kennt das Kind gut. Auf ihm hat es mit dem Großvater schon manche Spazierfahrt gemacht. Es ist der Bollerwagen, der das Kind sein Leben lang begleiten wird.

Eigenartig: Dass auch die Großmutter, eine spröde, weißhaarige Dame, meist mit Hut, bei dieser Szene nach der Bombennacht mit dabei war, ist nicht in Erinnerung geblieben. Aber sie muss ebenfalls anwesend gewesen sein. Denn die Großeltern ziehen sofort mit dem kümmerlichen Rest ihrer Habe in dem kleinen Haus am Memeler Weg des Waldvororts Metgethen ein. Dessen obere Etage haben sich Tochter und Schwiegersohn in besseren Zeiten angemietet. Kein Luxus, aber gutbürgerlich gediegen, mit Gartenanteil. Außerdem verkehrstechnisch günstig, denn Königsbergs westlicher Vorort Metgethen hat eine eigene Eisenbahnstation. Die Fahrt in die Stadt dauert von dort aus nur wenige Minuten.

Das Kind ist am Tag des abendlichen Bombardements noch zum Baden an den Dünen der Kurischen Nehrung gewesen. Die Mutter, eine achtundzwanzig Jahre alte Schauspielerin, hat seit der vom Reichspropagandaminister angeordneten Schließung aller deutschen Theater Anfang August nur noch am Rundfunk gelegentlich mit Rezitationen zu tun. Wie Tausende Königsberger nutzt sie den prächtigen Sommertag, um mit der Samland-Kleinbahn nach Cranz an die Bernsteinküste der Ostsee zu fahren. Nachdem ein erster Angriff der britischen Luftwaffe drei Tage zuvor Deutschlands östlichste Provinzhauptstadt schon schwer getroffen hat, rechnet offenbar niemand mit einer neuerlichen Heimsuchung.

Anders als viele Großstädte im Reich, die bereits in Trümmern liegen, ist Königsberg bis dahin mit den Schrammen vereinzelter Sowjetfliegerattacken davongekommen. Die dreihundertsechzigtausend Einwohner der Stadt am Pregel hoffen darauf, das Kriegsende unbeschadet erleben und die Zeugnisse eines siebenhundertjährigen Erbes bewahren zu dürfen. Davon gibt es einiges und Einmaliges vorzuweisen in den Straßen, Bürgerhäusern und Kirchen der Viertel rings um das alles beherrschende Herzogschloss.

Hier stand im Spätmittelalter die Feste, die Königsbergs Gründervater Ottokar II. errichten ließ. Der König von Böhmen war mit dem Deutschritterorden gen Osten gezogen, um die heidnischen Prußen zu christianisieren. Die Clans dieser rauen, rotgesichtigen Gesellen hausten in der Sumpflandschaft des Samlands. Ottokar II. muss ein harter Bursche, gar ein Schlächter gewesen sein. Zeitgenössische Chroniken rühmen, dieser tschechisch-deutsche Fürst habe bei seiner Mission »viel Volks erschlagen«, große »Gemetzel« angerichtet und »das Verheeren mit aller Macht betrieben«. Zum Dank nannten die schwarz-weißen Schwertritter 1255 die neue Burg über dem Fluss Pregel, die sie auf den Resten der prußischen Feste Tuwangste errichteten, Königsberg.

Diese Burg wurde zur Wiege Preußens, als sich Brandenburgs Kurfürst Friedrich III. in der Schlosskirche am 18. Januar 1701 selbst zum ersten »König in Preußen« krönte, eine eigenmächtige Standeserhöhung des Hohenzollers sehr zum Unwillen von Kaiser und Papst. Politisch wie kulturell begann das evangelische Königsberg nun den Aufstieg zu einer europäischen Metropole. Die Pregelstadt, Friedrichs Geburtsort und seit 1340 Mitglied der Hanse, hatte damals vierzigtausend Einwohner – weit mehr als Berlin. Johann Heinrich Zedlers *Grosses vollständiges Universal-Lexicon Aller Wissenschaften und Künste,* das umfangreichste enzyklopädische Werk des 18. Jahrhunderts, hält 1733 in seinem Eintrag zu Königsberg fest: »die Haupt=Stadt des Königreichs Preußen und von den größten, reichsten und schönsten Städten in Europa«.

Für das Bild von Urbanität, Freiheitssinn, Vernunft und Humanität stand über allen Immanuel Kant, von Friedrich dem Großen 1770 zum »Professor der Logik und Metaphysik« ernannt. Als »den Ausgang des Menschen aus seiner selbstverschuldeten Unmündigkeit« beschrieb der kleinwüchsige Philosoph, Sohn eines Riemenschneiders, 1784 das Wesen der Aufklärung mit dem Wahlspruch: »Habe Mut, dich deines eigenen Verstandes zu bedienen«.

Trotz verlockender Angebote anderer Hochschulen verließ Kant nie seine Heimatstadt, nannte sie »einen schicklichen Platz zur Erweiterung sowohl der Menschenkenntnis als auch der Weltkenntnis,

Die Wiege Preußens:
das Hohenzollernschloss in Königsberg, 1931

wo diese, auch ohne zu reisen, gewonnen werden kann«.

Im Geiste dieses erkenntniskritischen Großaufklärers, des »Alleszermalmers«, wie Moses Mendelssohn ihn nannte, blieb Königsberg inmitten einer erzkonservativen Provinz über Jahrzehnte ein Leuchtturm multiethnischer Toleranz und Weltoffenheit. Hier wirkten Johann Gottfried Herder und Richard Wagner, Heinrich von Kleist und E. T. A. Hoffmann, hier wurden die großen preußischen Reformen geboren und 1813 das Signal ausgeschickt zu den Freiheitskämpfen gegen Napoleons Imperialismus. Als eine »Weltbürgerrepublik« würdigte der Literaturwissenschaftler Jürgen Manthey dieses liberale Königsberg, das relativ früh auch den Juden die gesellschaftliche Integration gestattete.

Dies änderte sich mit der Reichsgründung von 1871 und ganz extrem nach dem Ersten Weltkrieg mit den Bestimmungen des Versailler Vertrags. Der territoriale Verlust Westpreußens machte Ostpreußen zur Insel, mit dem Reich verbunden lediglich über einen künstlichen Korridor, der ständig polnischen Schikanen ausgesetzt blieb. Das Grenzland, abgeschnitten in seinen wichtigsten Verkehrsadern, sah sich nun umgeben von Fremden und Feinden. Es wurde zum Hort der Reaktion und zunehmend empfänglicher für nationalsozialistische Agitation. Mit dem Ende der Weimarer Republik gewannen Hitlers Paladine um den aus Elberfeld stammenden Gauleiter Erich Koch die »Ostmark« bei den letzten Wahlen klar für sich. Allein

»Ein Leuchtturm multiethnischer Toleranz«:
Kants Universität am Kneiphof mit Dom und Pregel-Fluss, 1938

in der Stadt Königsberg, in der führende Sozialdemokraten wie der Vorsitzende der Reichstagsfraktion Hugo Haase und Preußens Ministerpräsident Otto Braun ihre politische Heimat hatten, hielt das demokratische Bollwerk bis zuletzt stand.

Der Nazipartei tritt auch der nunmehr ausgebombte Großvater bei. Er ist ein gut vernetzter Bankkaufmann und Wirtschaftsprüfer, von hünenhafter Gestalt und mit sehr eigenwilligem Naturell, nach seinerzeitigem Verständnis eine Respektsperson, stets eine Aura höchster Selbstsicherheit verbreitend. In der Weltwirtschaftskrise hat er mit seinen eigenen Geschäften eine Pleite hingelegt, sich danach aber wieder aufgerappelt. Nun setzt der Deutschnationale seine Karten auf die Braunen, freundet sich mit Erich Koch an. Das geht nicht lange gut. Als Hitlers streitlustiger Parteioberster in Ostpreußen sich mit dem Reichsnährstand anlegt und unter Korruptionsverdacht gerät, kündigt der Kaufmann der NSDAP seine Freundschaft und verlässt demonstrativ die Partei. Eine Entscheidung, die später noch von Nutzen sein wird, zunächst aber ein mutiger, ein durchaus riskanter Schritt ist. Denn die Braunen springen mit abtrünnigen »alten Kämpfern« nicht allzu zimperlich um.

Indes, der Großvater übersteht alle Gefahren elegant ein ganzes Jahrzehnt. Allein die britischen Bomber, eingeflogen über das neutrale Schweden, sind nicht Teil seiner Lebensplanung. Der Angriff auf Königsberg trifft ihn ins Mark, vernichtet mit dem Haus das Fundament seiner materiellen Existenz. Die

Pregelstadt brennt noch unter erstickenden Rauch-
schwaden selbst zwei Tage nach Ausbruch des Infer-
nos. Frau und Tochter im Tross, sucht der Großvater
mit dem Bollerwagen gleichwohl zum Zentrum vor-
zudringen, um aus den Trümmern vielleicht ein paar
brauchbare Utensilien bergen zu können. Doch das
Unternehmen scheitert, es gibt keinerlei Zugang.
»Dieses Leben macht keinen Sinn mehr«, sagt er,
zurück in Metgethen, und verfällt in Schockstarre.
Der Bollerwagen findet neben der Gartenpumpe seinen festen Abstellplatz.

Den neuen Herren im Reich schloss sich auch der
Vater des Kindes an mit der Hoffnung auf eine kultu-
relle Revolution; während der Königsberger Bombardements ist er auf Kriegseinsatz in Frankreich. Der
gebürtige Hannoveraner, Jahrgang 1909 und fescher
Sohn eines Direktors von Continental, hatte sich für
ein Studium der Literatur- und Musikwissenschaften
in Marburg und München entschieden, sehr zum Be-
fremden seiner Eltern ob solch brotloser Kunst. Aber
da sollten sich die Altvorderen täuschen. Der junge
Komponist und Musiker – er spielt Klavier und Quer-
flöte – macht früh mit eigenen Werken auf sich auf-
merksam. Die Musik wird für ihn lebensbestimmend.
Seine *Romantische Ouvertüre* oder die *Mecklenburgischen Tänze* werden von den neuen Rundfunkanstalten gesendet. Die Fachkritik feierte sie als »klang-
schön« und »geglückten Wurf«.

Die meisten Deutschen glauben an eine Zukunft
mit ihrem »Führer«, der Hannoveraner glaubt an

seine musikalische Mission. Selbstbewusst führt er als Kompendium seiner Skizzen und Pläne dazu ein Tagebuch, das daneben wenig private Angaben enthält, kaum Reflexionen und offenbar bewusst keinerlei politische Wertungen. Zwei Jahre vor seiner Promotion schließt er sich den NS-Studenten an, nachdem seine christliche, farbentragende und nichtschlagende Verbindung Wingolf wie alle Korporationen unter Gleichschaltungsdruck gerät.

Die Hinwendung zu Hitlers Parteigängern erfolgt wohl mehr aus Anpassung denn aus Überzeugung. Dazu beigetragen haben mag jedoch eine tief verwurzelte Abneigung, die der Agnostiker aus seiner protestantischen Herkunft gegenüber der katholischen Kirche empfindet. Die entlädt sich im Tagebuch zur Jahreswende 1933/34 in einem Ausbruch gegen »das schwarze Gesindel«, wie ihn Julius Streichers Hetzblatt *Der Stürmer* kaum heftiger hätte vortragen können. Die im Staatsapparat verankerten Katholiken sind in ihrer »Falschheit« für den Hannoveraner »schlimmer als die Kommunisten«, sie sind »Verräter, Verbrecher am Vaterland. Wenn sie bloß ausgerottet werden könnten!« Dieser Erguss erstreckt sich über drei Seiten seiner Notizen, verlangt vom Nationalsozialismus, »diese Bande in Schach zu halten und zu knebeln«, um in der schrillen Apotheose zu gipfeln: »Die katholische Kirche muss vernichtet werden, restlos, eher kann Deutschland nicht gesunden!« Was für eine Aufwallung des ansonsten eher feinfühligen Künstlers! Nach dem Krieg wird er sein Überleben als

Flüchtling gerade Mitgliedern dieser verschmähten Kirche verdanken.

Erstaunlich irgendwie, dass sich in den Aufzeichnungen des Spätwagnerianers kein einziges abwertendes Wort zu jener Gemeinschaft findet, gegen die seine NS-Gesinnungsfreunde damals schon wüten: Das Judentum in der Musik erreicht für den Hannoveraner vielmehr einen schöpferischen Höhepunkt in den Werken von Felix Mendelssohn Bartholdy. In ihm sieht er den romantischen Seelenverwandten. Dessen Schallplattenaufnahmen besorgt er sich noch unbeirrt, als sie auf Geheiß von Joseph Goebbels aus den Läden des Reichs verschwinden müssen.

So geschieht es auch in Königsberg. Dort tritt der Hannoveraner Anfang 1937 eine Stelle als Tonmeister beim Reichssender an. Ohne Mitgliedschaft in der NSDAP hätte er diesen Posten sicher nicht bekommen. Vom Schlossberg aus beobachtet er mit einigen Freunden in der Pogromnacht des 9. auf den 10. November 1938, wie die jüdische Synagoge brennt. Dazu ist das Gejohle des Nazipöbels zu hören: »Juda verrecke«. Das Gebetshaus der gerade noch zweitausend in Königsberg verbliebenen Juden liegt an der Honigbrücke über den Pregel. Gleich gegenüber dem lutherischen Dom, an dessen Seite sich das Säulendenkmal aus rotem Porphyr mit dem schwarzen Granitsarkophag des Toleranzapostels Kant schmiegt. »Ich habe mich geschämt und geweint«, schildert der Hannoveraner Jahrzehnte später diese »Reichskristallnacht«. Und auch, dass er mit den Freunden dann zur Schänke

»Blutgericht« gezogen sei und in dem berühmten Gewölbekeller des Schlosses sein schlechtes Gewissen mit einem Rotweinbesäufnis »buchstäblich betäubt« habe. Im Tagebuch findet sich dazu kein Wort.

Ostpreußen vor dem Zweiten Weltkrieg ist mit seinen knapp zweieinhalb Millionen Einwohnern ein dünn besiedeltes, ein blühendes Land. Viele erleben eine goldene Zeit. Die vierseitige Speisekarte im »Blutgericht« (gegründet 1738) ist Mitte der Dreißigerjahre bestens bestückt. Sechs Austern kosten 2,60 Reichsmark, der Haffzander mit Butter und Ei 1,30, das Schweinekotelett mit Gurke 1,50, der junge Fasan mit Ananaskraut ist für 1,90 zu haben, Spickgans mit Butter für 1,50 oder ein halber Hummer auch nur für 3 Mark.

Die »Arbeitsschlacht« der Nazis, vorangetrieben von Erich Kochs »Ostpreußenplan«, sorgt in der strukturschwachen Region für einen Aufschwung ohnegleichen. Achtundsechzig Prozent der Gesamtfläche werden landwirtschaftlich genutzt, enorme Investitionen insbesondere zur Beseitigung überschwemmter Böden durch Drainagen aufgebracht. Diese Meliorationsarbeiten erweitern die Nutzflächen, schaffen einen höheren Viehbestand. Die Pferdezucht auf den Weiden des Gestüts Trakehnen ist ein Vorzeigeprojekt. Die Provinz wird mit blendenden Ernteerträgen bei Roggen und Weizen zur Kornkammer des Reichs, sie erhält sich gleichwohl in den Waldgebieten die Schönheit der Natur. Der Dichter Ernst Wiechert preist die Heimat um sein elterliches Forsthaus: »Nirgends auf der Welt gab es so viele Seen und Moore; so viele Reiher und Adler, so viele Jäger mit wunderbar schimmernden Büchsen, so viele uralte Eichen und so viele süße Himbeeren.«

Das ursprünglich republikanisch gesinnte Bürgertum lässt sich angesichts der wirtschaftlichen Erfolge von den Nazis vereinnahmen. Beschämend indes, wie sich ausgerechnet das Gros der akademischen Elite an der Albertus-Universität dem neuen Zeitgeist eilfertig andient. Rechtsnationale Hochschullehrer wie Theodor Oberländer fordern früh die »Eindeutschung der Ostgebiete«. Andere wie der Verhaltensforscher Konrad Lorenz, der Historiker Werner Conze, der Geschichtsphilosoph Arnold Gehlen oder der Soziologe Helmut Schelsky nutzen ihre Position, um mit rassistischen Tiraden die Weltanschauung der Nazis zu propagieren. Sie alle werden den Untergang des braunen Regimes überstehen und sich in der Bundesrepublik Konrad Adenauers wieder bestens einrichten.

Vom Hannoveraner, der sein Mitläufertum nach Kriegsende jahrelang mit Berufsverbot büßen soll, sind derlei exzessive Anbiederungen nicht zu melden. Der Rundfunk ist das Leitmedium der Dreißigerjahre und weidlich genutztes Propagandainstrument der Nazis. Wer sich dort nicht in den politischen Abteilungen verdingt, kann im musikalischen Unterhaltungsbereich durchaus mit Selbstachtung bestehen und mitwirken an einem ansprechenden Programm. Die Familien versammeln sich um die Volksempfänger, es werden bunte Nachmittage oder Abende mit dem Rundfunkorchester und vielen Sketchen übertragen. Der Tonmeister, in seiner Freizeit wie besessen Lieder und Suiten komponierend, ist bei diesen Veranstaltungen mit dem Übertragungswagen stets dabei.

An einem dieser Abende verliebt sich der Hannoveraner in eine Königsberger Darstellerin. Sie gibt im Ensemble des Schauspielhauses bei der Fachschaft Bühne die Rollen der »naiv Sentimentalen«, etwa die Luise in Schillers Trauerspiel *Kabale und Liebe*. Daneben ist sie beim Rundfunk als Sprecherin in künstlerischen Sendungen »ernster und unterhaltender Art« tätig. Der Mikrofon-Ausweis Nr. 1475 der Reichsrundfunkkammer vom Juli 1938 zeigt das Porträt einer jungen Frau mit dunklen Augen und hoher Stirn unter schwarzem, modischem Bubihaar. Sie blickt den Betrachter skeptisch-herausfordernd an. Die Königsbergerin hat, wie ein Jahrzehnt zuvor die junge Rebellin und spätere jüdische Philosophin Hannah Arendt, die Königin-Luise-Schule besucht und danach, zum Entsetzen der gutbürgerlichen Familie, ihre Freiheit im Schauspielerdasein gesucht.

»Ihr Können sieht sie selbst als größer an, als es wirklich ist«, krittelt der Hannoveraner im Tagebuch über seine Freundin, mit der er sich dann aber bald verlobt, denn »sie ist ein prachtvoller Kamerad, selbstlos, verblüffend ehrlich und echt«. Hier finden zwei zueinander, für die der künstlerische Beruf zugleich ein Ausbruch gewesen ist aus der miefigen Enge ihrer deutschnationalen Elternhäuser. Das to-

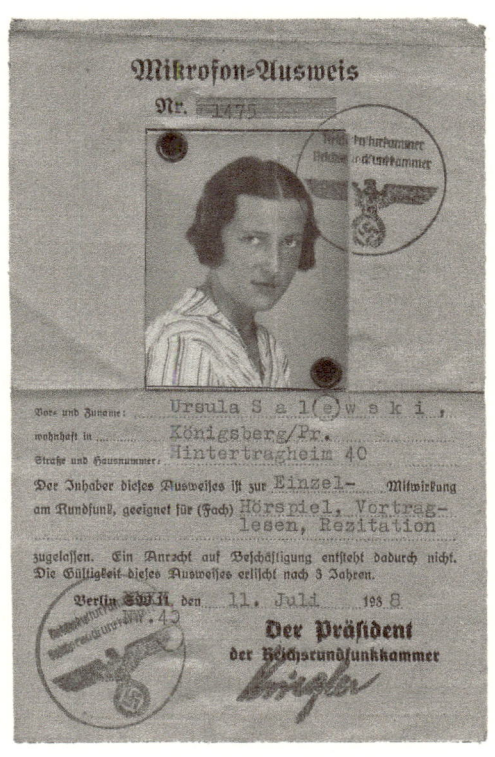

Mikrofon-Ausweis

Nr. 1475

Vor- und Zuname: **Ursula Sal(e)waki,**

wohnhaft in: **Königsberg/Pr.**

Straße und Hausnummer: **Hintertragheim 40**

Der Inhaber dieses Ausweises ist zur **Einzel–** Mitwirkung

am Rundfunk, geeignet für (Fach) **Hörspiel, Vortrag-
lesen, Rezitation**

zugelassen. Ein Anspruch auf Beschäftigung entsteht dadurch nicht.
Die Gültigkeit dieses Ausweises erlischt nach 3 Jahren.

Berlin SW.11, den **11. Juli** 193 **8**

Der Präsident
der **Reichsrundfunkkammer**

»Sie ist ein prachtvoller Kamerad«:
Mikrofon-Ausweis der Schauspielerin

talitäre Regime gewährt ihnen nunmehr einen Freiraum, den sie lebensfroh nutzen. Nicht politisch engagiert als Mitschreier mit Hitlergruß, aber durchaus opportunistisch als Mitläufer mit dem grundlegenden Verständnis für eine autoritäre Staatsführung. Dass auch in Königsberg die Juden drangsaliert und ihre Läden zertrümmert werden, dass Hunderte Funktionäre von SPD und KPD im Fort Quednau interniert sind, dies dürften die beiden sicherlich wahrgenommen haben. Doch das Leiden der anderen wird aus ihrem narzisstischen Eigenleben bewusst verdrängt. Keine Bemerkung findet sich im Tagebuch zu den widrigen Zeitläuften, gar zum deutschen Vernichtungskrieg. Erst Jahrzehnte später muss der Hannoveraner bitter feststellen: »Dieser verdammte Hitler hat mich die besten Jahre meines Lebens gekostet.«

Davon hat der Schöngeist noch keine Ahnung, als er im Juni 1939 den Rundfunk verlassen muss und zu einer dreimonatigen Übung beim Artillerie-Regiment Königsberg antritt. Den Kommiss hasst der Akademiker von Anbeginn, zumal ihm sein jüngerer Spieß bei der Ausbildung zum Lastwagenfahrer als Bestrafung für Fehler mit der Kelle stets kräftig eins auf die Rübe haut. Was danach geschieht, wird im Tagebuch erst drei Jahre später als Nachtrag registriert: Teilnahme am Polen-Überfall und Beschuss von Warschau (»Hölle auf Erden«, »schreckliche Eindrücke«); dann in Lkw-Kolonnen nach Westen zum Frankreich-Feldzug mit den Stationen Ardennen, Dünkirchen,

Reims, Arcis-sur-Aube (»Bilder des Grauens«). Nach dem Waffenstillstand verlebt der Gefreite immerhin »noch herrliche Tage inmitten dieser gesegneten Landschaft«, will sagen: Man hat die richtigen Weindepots geknackt.

Der neuerliche Ausbruch einer Venenentzündung zwingt den Hannoveraner dann jedoch zu einem Lazarettslalom mit anschließendem Genesungsurlaub im oberbayerischen Ruhpolding. Dort handelt er sich bei einer Skiabfahrt einen Splitterbruch ein, ist als Pflegefall von Hitlers Militärs für weitere Siege nicht mehr zu gebrauchen. Wegen seiner akkuraten Handschrift (durch das ständige Abschreiben von Noten) sind bei den Feldgrauen fürderhin nur noch Dienste als stumpfsinniger Karteibearbeiter in der Schreibstube der Genesenden-Batterie in Zinten gefragt, einer Garnisonsstadt unweit von Heiligenbeil am Frischen Haff.

Das Abtauchen in der hintersten ostpreußischen Etappe hat jedoch einen enormen Vorteil: Übers Wochenende darf er heim in sein Refugium nach Metgethen. Dort komponiert er Lieder, Ständchen, Serenaden und veranstaltet Hausmusikabende, auch die schöne Altstimme der neuen Partnerin hat es ihm angetan. An der Wand im Musikzimmer hinter dem Flügel hängen Mandoline, Gitarre, Posaune. Mag ringsum auch die Welt in Flammen stehen, die Bude in Metgethen ist gleichsam die künstlerische Emigration, die Zuflucht aus diesen bösen Zeiten. Zum Kriegsgeschehen findet sich in den Aufzeichnungen des Hannoveraners kein Kommentar, nicht einmal zum Angriff von Hitlers Wehrmacht auf die Sowjetunion. Auch das Los der Besiegten kümmert wenig, es geht selbstbezogen nur um das eigene Bangen und Leiden: »Augenblicklich sind wir alle doch reichlich deprimiert, und die lange trostlose Dauer des Krieges hat uns allen Mut genommen.« Allein der »fanatische Glaube an meine künstlerische Aufgabe« hält ihn aufrecht. Das heißt: »Komponieren, was aus der Feder und dem Gehirn geht, denn ich habe längst eingesehen, dass die meisten Komponisten wesentlich schlechter komponieren als ich.«

Im September 1941 wird die »Kriegstrauung« bescheiden mit einem Essen im Park-Hotel am Königsberger Schlossteich begangen und der Mangel an Alkoholika beklagt. Ein Freund rettet mit zwei Flaschen Schnaps den Abend. Im Jahr darauf gibt es Nachwuchs. Monate später (»Ich vergaß, zu berichten«) wird im Tagebuch die Ankunft eines Stammhalters festgehalten. »Der Boy ist groß und dick geworden, kann respektabel schreien«, notiert der Vater, »ich weiß noch nichts mit ihm anzufangen, aber ich hoffe auf später.« Da äußert sich ein Defizit an Empathie, das sich so weitervererben wird.

Die Großeltern springen ein und übernehmen zeitweise den Kleinen. Es kommt zu ersten Ausfahrten mit dem Bollerwagen.

Im Herbst 1942 beantragt der Zintener Karteibearbeiter bei seinem Kommandeur Sonderurlaub, um an der Uraufführung seiner *Serenade* im Stadttheater

Kriegstrauung mit zwei Flaschen Schnaps:
Ehepaar mit Großvater und Freund, September 1941

Remscheid teilnehmen zu können. Die Reichsmusik-kammer befürwortet das Anliegen, der Standort-kommandeur lehnt es ab. Sonderurlaub dürfe er laut den Bestimmungen nur bei Todesfällen, Sportfesten und Tapferkeit vor dem Feinde gewähren. Letzteres kommt eher weniger infrage, denn der Antragsteller wird während des ganzen Krieges keinen einzigen Schuss abfeuern. Gleichwohl macht die Absage den Komponisten »wütend und verzweifelt«. Das Tage-buch ächzt unter seinen Tiraden gegen den Kommiss: »Ich hätte in diesem kulturlosen Land doch lieber Sportler werden sollen. Nun mag ich keine Noten mehr sehen.«

Das hält er indes nicht lange durch. Es folgt ein musikalisches Projekt nach dem anderen, und er ahnt, dass seine schöne Rückzugsposition am Fri-schen Haff auf Dauer nicht zu halten sein wird. Dem Bein geht es nämlich besser, die alle drei Monate stattfindenden Tauglichkeitsuntersuchungen werden problematisch. Sollte man ihn demnächst wieder kriegsverwendungsfähig schreiben, werde er wohl »den nächsten Winter in Russland verbringen«, sin-niert der Tagebuchschreiber voller Sorge. Doch er hat noch einmal Glück und einen freundlichen Arzt. Die Zeichen stehen auf Sturm, in Stalingrad wird die deut-sche 6. Armee vernichtet. Der Komponist duckt sich weg und schreibt derweil *Ostpreußische Tänze* und eine *Stampfpolka*, die bei einem Volkstümlichen Konzert in der Königsberger Stadthalle vom Opern-hausorchester dargeboten werden. Mit Erfolg.

»Ich bin sehr abgespannt und ausgelaugt«:
der Hannoveraner und sein Sohn, Abschied im Herbst 1943

Die Glückssträhne des Hannoveraners endet jäh nach einem letzten Sommerurlaub im Seebad Rosehnen an der Samlandküste, gerade hat er mit Arbeiten an einer Operette *Das Zauberschloss* begonnen. Hitlers Militärs brauchen für den Endsieg nun selbst die Fußkranken und Lahmen. »Ich bin sehr abgespannt und ausgelaugt«, lautet die letzte Tagebuchnotiz des Gefreiten vom 6. September 1943, dann geht es wieder zurück an die Westfront und in die Normandie. Bei der Landeoperation der Alliierten im darauffolgenden Juni gerät sein Munitionstransporter in einen Tieffliegerangriff, der Komponist springt zu spät aus dem Laster und wird schwer verletzt. Endstation Traunstein, im dortigen Lazarett. Der Krieg ist für ihn nun ausgestanden.

Das gilt allerdings nicht für die in Königsberg verbliebene Familie. Noch wähnt sie sich sicher in Deutschlands östlichster Provinz, noch lebt die Stadt am Pregel in der Illusion, sich außerhalb der Reichweite alliierter Bomber zu befinden, die Hamburg und Köln, Berlin und Essen in Schutt und Asche legen. Unterdessen ist die russische Front schon bis auf hundertfünfzig Kilometer an die frühere Reichsgrenze herangerückt. Anscheinend unbeeindruckt begeht im Juli die 1544 von Herzog Albrecht gestiftete Albertus-Universität mit viel Pomp ihr vierhundertjähriges Bestehen. Dies auch, wie die *Königsberger Allgemeine Zeitung* trompetet, »zum Besinnen auf das große geistige Erbe, das vom deutschen Schwert in diesem Krieg verteidigt und geschützt wird«. Vom

»Pflichtbegriff« Kants, meint das NS-Blatt zu wissen, sei nunmehr »jeder deutsche Soldat und jeder deutsche Arbeiter erfüllt, mag er auch nie eine Zeile von Kant gelesen haben«.

Der Großvater kommt oft nach Metgethen zu Besuch, keiner kann so gut wie er mit dem Enkelkind »Hoppe, hoppe, Reiter« spielen. Der Bollerwagen wird häufig zu Ausflügen gebraucht, am liebsten bei der Fahrt durch den Wald zum Vierbrüderkrug, auch wenn es auf dem Weg dorthin von den Rieselfeldern der Kläranlagen Königsbergs je nach Windrichtung bisweilen erbärmlich stinkt. Aber als Belohnung warten Speiseeis und Himbeerlimonade.

Es gibt indes noch einen höchst dramatischen Anlass für den Großvater, mehrmals in Metgethens Wellerscher Mühle vorzusprechen, einem Landgut, in dem Gauleiter Koch sein Hauptquartier aufgeschlagen hat: Sohn Horst, einst unbeirrbarer Anhänger des »Führers«, ist nach deprimierendem Osteinsatz von der Fahne gegangen und untergetaucht. »Der muss sich sofort stellen«, fordert der empörte Gauleiter, »mit Dienst im Strafbataillon können wir ihn vielleicht noch retten.« So geschieht es. Horst stellt sich und überlebt, auf einen Wink des Gauleiters, im Strafbataillon. Über zwanzigtausend Wehrmachtsangehörige, die in diesem Krieg ebenfalls desertieren, werden zum Tode verurteilt und hingerichtet.

Sommer vierundvierzig: strahlend hell, mit brütender Hitze. Noch immer sind die weiten Terrassen des Café Schwermer voll besetzt, schmecken den

Besuchern dort der Baumkuchen und die Zaubereien aus Marzipan. Bei Gräfe und Unzer, Europas größter Sortimentsbuchhandlung, herrscht weiterhin Betrieb. Um den Schloss- und den Oberteich flanieren abends die Liebespaare, in der Ostpreußenhalle werden Konzerte gegeben. Die Kleinbahn zur Ostsee kutschiert fröhliche Kurzurlauber. Zwar nehmen die Transparente mit Durchhalteparolen zu, schleppen sich mehr versehrte Soldaten an Krücken durch die Straßen, doch das eigentliche Kriegsgeschehen findet vorwiegend im Radio statt. Weiterhin werden Kinder aus Berlin mit dem Zug ins vermeintlich sichere Ostpreußen verschickt. Die Partei spricht vom »Endsieg«, Gefühle der Angst werden verdrängt. Es herrscht eine trügerische Ruhe.

Über diesen letzten Sommer vor dem Untergang der Ostprovinz schreibt der Arzt Hans Graf Lehndorff in seinem *Ostpreußischen Tagebuch*, das in der Nachkriegszeit zum Bestseller wurde: »Noch einmal, ehe die Kriegswalze darüber hinging, entfaltete sich meine ostpreußische Heimat in ihrer ganzen rätselvollen Pracht. Wer die letzten Monate mit offenen Sinnen erlebte, dem schien es, als sei noch nie vorher das Licht so stark, der Himmel so hoch, die Ferne so mächtig gewesen. Und all das Ungreifbare, das aus der Landschaft heraus die Seele zum Schwingen bringt, nahm in einer Weise Gestalt an, wie es nur in der Abschiedsstunde Ereignis zu werden vermag.« Aber die »Vorboten der Katastrophe«, notiert der Chirurg, hätten sich bereits in den letzten Junitagen

Jahrhunderte preußischer Kultur ausgelöscht:
Königsberg nach den britischen Bombenangriffen, August 1944

1944 bemerkbar gemacht, »leichte, kaum ins Bewußtsein dringende Stöße, die das sonnendurchglühte Land wie von fernem Erdbeben erzittern ließen«.

Über Königsberg bricht die Katastrophe in der letzten Augustwoche mit den beiden Luftattacken der Briten herein. Der erste unerwartete Angriff mit zweihundert Lancaster-Bombern gilt vor allem der Zivilbevölkerung in den nördlichen Wohnvierteln. Die Schichauwerft, Kasernen, Rüstungsfirmen, Befestigungsanlagen, der Hauptbahnhof und der Flugplatz bleiben unbeschädigt. Der zweite Angriff der Royal Air Force mit sechshundertfünfzig Bombern, ohne Erdsicht im Planquadrat über einer geschlossenen Wolkendecke fliegend, hat das dicht besiedelte Zentrum im Visier. Nach dem Feuersturm der Spreng- und Brandstrahlbomben ist von Kants »schicklicher« Stadt nicht mehr viel übrig. Das historische Königsberg mit seiner jahrhundertealten preußischen Kultur ist ausgelöscht. Dom, Hohenzollernschloss, Universität, Kirchen, die klassizistischen Gebäude und die alten Speicher am Hafen sind nach dem Flammenmeer nur noch ausgebrannte Ruinen.

Die Zahl der Toten wird auf rund viereinhalbtausend geschätzt, an die zweihunderttausend Königsberger sind obdachlos. Hinter diesem »Terrorgroßangriff der britischen Luftgangster« stecke das »nackte Verlangen nach Mord«, schäumt die *Königsberger Allgemeine Zeitung* in einer »Notstands-Ausgabe«. Aber die Absicht der Feinde, »mit diesen Angriffen auf unsere Gauhauptstadt den Bolschewiken besondere Hilfsstellung zu leisten, wird sich nicht verwirklichen«.

Da artikulieren sich dunkle Vorahnungen, die auch der ausgebombte und mit dem Bollerwagen zu seiner Tochter nach Metgethen verschlagene Großvater anspricht: die Befürchtung, dass der britische Vernichtungsschlag gegen Königsberg im Zusammenspiel stehen könnte mit einem baldigen Einmarsch der Russen. »Aber die haben wir vor dreißig Jahren auch wieder aus Ostpreußen rausgeschmissen«, sucht der Familienpatriarch am 31. August bei einem kargen Nachtmahl im Garten der Schauspielerin seine Angehörigen und ein paar Nachbarn zu beruhigen. Was sie alle nicht wissen: Stalins 3. Weißrussische Front bereitet bereits den Angriff auf Ostpreußen vor.

Der Enkel versteht von all dem Gerede nichts und turnt aufgekratzt auf dem Bollerwagen herum. Im Deutschlandsender trällert Lale Andersen den Durchhalteschlager »Es geht alles vorüber, es geht alles vorbei«.

Der Fluchthelfer

Und dann ist es doch passiert: Der Russe ist durchgebrochen. Erstmals sind seine T 34-Panzer Mitte Oktober 1944 über Deutschlands Ostgrenze vorgestoßen. Bis zu vierzig Kilometer wuchtet die Rote Armee ihren Angriffskeil ins östliche Ostpreußen. Zwischen Stallupönen und der Rominter Heide, einst des Kaisers bevorzugtes Jagdrevier und nunmehr die Domäne von Reichsfeldmarschall Hermann Göring. Er schoss dort noch Anfang des Monats seine Hirsche. Den Reichsjägerhof ließ er am Tag, bevor die Sowjets auftauchten, in Brand setzen.

In Metgethen herrscht höchste Aufregung. Das Kind, das für den üblichen Nachmittagsausflug bereits in den Bollerwagen geklettert ist, wartet vergebens auf den Großvater. Der hat stets verkündet, »unser Ostwall wird schon halten«; nunmehr ist er über die Nachricht ebenso schockiert wie der Rest der Familie und die herbeieilenden Nachbarn. Im Radio sind die Fanfaren über den »Endsieg« verstummt. Vielleicht fällt auch deswegen der Ausflug aus. Dem muckschen Kleinen werden zur Beschäftigung Bauklötze zugewiesen.

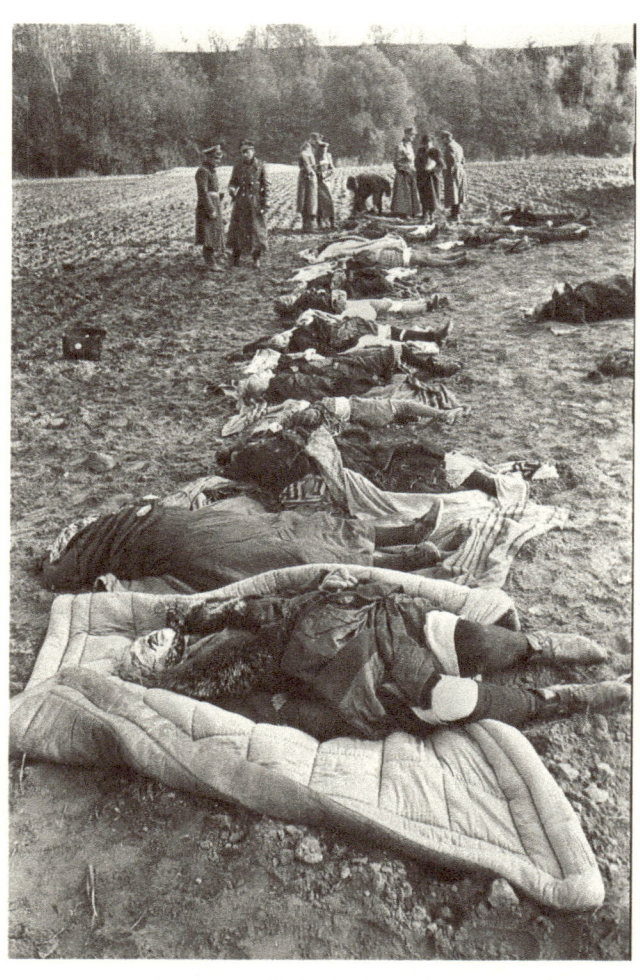

Gnadenlose Rache der Roten Armee:
getötete Deutsche bei Nemmersdorf, Oktober 1944

»Geh mit unauslöschlichem Hass gegen den Feind vor!«, heißt es zu Beginn der »Ostpreußischen Operation« im Tagesbefehl an die Soldaten der Roten Armee, so wie 1942 schon der Chefpropagandist des Großen Vaterländischen Krieges, Ilja Ehrenburg, mit dem Aufruf »Töte!« gnadenlose Rache eingefordert hat. Drei Jahre nach dem deutschen Überfall auf die Sowjetunion steht nun als »heilige Pflicht« die Abrechnung mit den »faschistischen Verbrechern« an. Die Armeeführung trommelt: »Merke dir, Soldat: Dort in Deutschland versteckt sich der Deutsche, der dein Kind gemordet, deine Frau, Braut, Schwester vergewaltigt, deine Mutter, deinen Vater erschossen, deinen Herd niedergebrannt hat.«

Dass es Stalin in seinen territorialen Ansprüchen besonders um Ostpreußen ging, hatte er den Westalliierten der Anti-Hitler-Koalition schon Anfang Dezember 1943 bei der Teheraner Konferenz unverblümt offenbart: »Die Russen haben keine eisfreien Häfen an der Ostsee; deshalb benötigen wir die eisfreien Häfen Königsberg und Memel und einen entsprechenden Teil der Provinz Ostpreußen.« Dies umso mehr, weil es sich dabei historisch gesehen »um ursprünglich slawische Gebiete handelt«. Niemand unter den Partnern sperrte sich gegen den Annexionswunsch des Moskauer Generalissimus, der bis zum Kriegsende geheim blieb.

Die Russen dringen am weitesten im Kreis Gumbinnen vor. Nemmersdorf ist der erste deutsche Ort, den sie besetzen. Nach wenigen Tagen werden sie von der Wehrmacht aber zurückgeworfen. Danach verbreiten sich aus dem wieder zurückeroberten Gebiet Schreckensnachrichten über Gräueltaten an deutschen Zivilisten. Die NS-Propaganda spricht vom »Massaker in Nemmersdorf«, bei dem Frauen vergewaltigt und nackt an Scheunentore genagelt, insgesamt zweiundsiebzig Menschen umgebracht wurden, darunter auch französische Kriegsgefangene. Fotos der aufgereihten Leichen, zum Teil bewusst arrangiert, sollen die Grausamkeit der »bolschewistischen Bestien« dokumentieren. Der Name Nemmersdorf wird zum Schreckenswort und Menetekel für russische Vergeltungsgelüste. Das Parteiblatt *Völkischer Beobachter* schürt die Ängste vor der roten Kriegsfurie und appelliert: »So wird es uns ergehen, wenn wir nicht bereit sind, in diesem Kampf das Letzte für den Endsieg zu geben.«

»Kein echter Deutscher« dürfe auch nur daran denken, tönt der inzwischen zum Reichsverteidigungskommissar ernannte Gauleiter Koch, »dass Ostpreußen in russische Hände fällt.« Flucht sei eine »infame Art der Sabotage«, droht der Mann, der sich Wochen später selber noch rechtzeitig absetzen und in Norddeutschland untertauchen wird. An ein schreckliches Ende denkt in Metgethen unterdessen aber selbst der Großvater, obwohl er sich immer noch ein wenig an die Hoffnung klammert, es könne Rettung für das Grenzland geben wie seinerzeit im Sommer 1914. Damals hatte der Feldherr Paul von Hindenburg die Russen bei Tannenberg geschlagen und zum Rückzug gezwungen, hundertfünfzig Kilometer südlich von Königsberg. Doch dieser Sieg war zu Kriegsbeginn gegen das marode Bauernheer des Zaren errungen worden, nun aber ist Stalins in vier Kriegsjahren gehärtete Rote Armee aufmarschiert.

»Ihr müsst schnell hier weg«, fordert der Großvater seine Tochter auf, mit dem Enkelkind Königsberg zu verlassen und sich möglichst weit nach Westen abzusetzen, »wir Alten bleiben und werden das schon durchstehen.« Der Komponist hat in einem Feldpostbrief aus Frankreich seiner Frau als Zwischenstation den Bauernhof eines Kameraden drunten im Riesengebirge empfohlen, also hinter den Flüssen Weichsel und Oder im Sudetengau. So weit, mag er wohl glauben, werde der Russe schon nicht kommen.

Allerdings soll die Reise mit der Reichsbahn nicht nach Flucht aussehen, solcher Art »Defaitismus« hat die Partei unter strikte Strafandrohung gestellt. Nicht einmal Kinder dürfen vor »Ostpreußens Endkampf« evakuiert werden. Die Zugfahrt nach Slatin, die Fahrkarte kostet zweiundfünfzig Reichsmark, wird deshalb als Verwandtenbesuch zu einem achtzigjährigen Geburtstag getarnt. Die beiden Pappkoffer enthalten außer Wäsche und kleinen Silbergeschenken mehrere Partituren des Komponisten für *Ostpreußische Tänze* und die Operette *Das Zauberschloss*. Das sieht recht unverfänglich aus.

»Urselchen, nimm bloß auch den Handwagen mit«, hat der Großvater vorgeschlagen, »du weißt nicht, was dich erwartet und wohin du noch einmal gelangen musst.« Es ist einer der besten Ratschläge, die er je gegeben hat. Und tatsächlich erlaubt die Reichsbahn ausnahmsweise das Verladen des Bollerwagens im Gepäckabteil zum Weitertransport nach Erreichen der Endstation. Radnaben und Lenkung sind frisch geölt.

Vor der Abfahrt wird im Garten, gleich neben der Wasserpumpe, eine tiefe Grube ausgehoben und das in Bettlaken sorgsam verpackte Familiensilber vergraben. Beim Abschied am Morgen eines kalten Novembertags herrscht auf dem Bahnsteig großes Gedränge. Offenbar sind auch viele andere Königsberger auf die Idee gekommen, jetzt Verwandte im Westen zu besuchen. Der Großvater panzert seine Rührung mit knappen Aufmunterungsworten: »Ihr werdet das schon schaffen, und wir überstehen das hier auch!« Die Großmutter weint, küsst den Enkel und flüstert: »Bleib schön gesund!« Die beiden werden sich nie wiedersehen.

Das Kind hat von der Zugfahrt nur vereinzelte Bilder in Erinnerung: die riesige Brücke über einen großen Strom (Weichsel), das überfüllte Abteil mit zwei gleichaltrigen Spielgefährten. Irgendwo hinter einer großen Stadt (Breslau) hält der Zug am späten Nachmittag auf einer Bahnstation. Ein Truppentransporter muss vorbeigelassen werden. Auf dem Nebengleis steht ein anderer Zug, mehrere Güterwagen mit Fensterluken. Aus einer winkt ein Junge herüber, ernst und schüchtern. Die drei Kinder im Abteil winken freudig zurück. Sie werden jedoch brüsk gestoppt

»Geht mit unauslöschlichem Hass gegen den Feind vor!«:
Sowjetsoldaten vor Königsberg, Februar 1945

vom Schaffner, der hereinpoltert und brüllt: »Aufhören damit, sofort die Vorhänge zu!« Viele Jahre später wird die Königsbergerin ihrem Jungen erklären, dass die Zuglinie hinter Breslau auch eine der Strecken für Deportationen nach Auschwitz und Theresienstadt gewesen ist.

Ende 1944 fahren die normalen Züge der Reichsbahn noch erstaunlich pünktlich. Die Schauspielerin und ihr Sprössling kommen nahezu planmäßig am Fuße des Riesengebirges im Landkreis Trautenau an. Der angekündigte Abholer ist jedoch nicht erschienen. Somit schlägt die Stunde des Bollerwagens als Fluchthelfer: ein Gefährt aus braunen Brettern auf vier eisenbeschlagenen Holzspeichenrädern, kaum einen Meter lang und einen halben Meter breit, mit wuchtiger Deichsel. Schlicht, aber solide. In den Wagenkasten passen die beiden Koffer, auf die sich der Kleine hockt. Die Mutter greift den schmalen Querholm an der Deichsel, spannt sich das Zugseil über die Schulter und zieht los. Es dauert vier Stunden, bis sie das gesuchte Gehöft findet.

Die Begrüßung ist frostig. Man hätte wohl lieber auf die ostpreußische Heimsuchung verzichtet. Der Bauer weilt noch als Soldat in Frankreich, die Bäuerin ist trotz zweier polnischer Helfer mit der Betreuung des Hofs und seines Viehs sowie Bestellung und Ernte der Felder überfordert. »Wenn ihr hier bleiben wollt, müsst ihr kräftig mit anpacken«, lautet die Ansage. Die Königsbergerin ist willens, dies zu tun und sich mit dem Kauf von Lebensmitteln selbst zu versorgen. Es bleibt ihr kaum etwas anderes übrig. Aber auch Kind und Bollerwagen sind als Helfer durchaus von Nutzen, wenn Fuhren vollgepackt mit Knüppelholz aus dem Wald geholt, Pflanzkartoffeln zum Feld gekarrt oder Roggensäcke zur Mühle gebracht werden müssen, um Futterschrot für die Pferde zu besorgen.

Die Eintragungen im sorgsam geführten Haushaltsbuch der Königsbergerin enden am 4. Mai 1945 mit dem Bezahlen der Lichtrechnung (24,96 Mark) und dem Kauf von Milch und Kartoffeln. Übrig geblieben sind noch knapp dreißig Reichsmark. Danach bricht nicht nur das Reich endgültig zusammen, sondern auch die eigene buchhalterische Ordnung und Selbstkontrolle. Es folgen Monate der Anarchie. Den Durchmarsch der Russen, die nicht daran denken, an Weichsel und Oder einfach haltzumachen, überstehen alle unbeschadet. Die Schauspielerin versteckt sich vorsichtshalber im Heu. Die Kost ist karg, doch ausreichend. Ins Gedächtnis eingeprägt haben sich Rübenmus, Krautsuppen, Kartoffeln mit Roter Bete, Sirup und Haferbrei. Der Kleine kommt damit zurecht. Er kennt nichts anderes, entwickelt sich zu einem von Grund auf fröhlichen Kind. Wenn sie gut gelaunt ist, erzählt die Bauersfrau abends am Küchentisch Märchen vom rohen Riesen Rübezahl. Der kann auch garstig werden zu Kindern, wenn diese nicht genügend Eicheln sammeln oder das Laub nicht ordentlich zusammenkehren. Dann schickt er vom Gipfel der Schneekoppe Donner und Hagel herunter.

Überwiegend von Deutschen besiedelt:
nordböhmisches Trautenau, Anfang der Vierzigerjahre

Das früher österreichische Trautenau im Nord-
osten Böhmens, seit 1918 der neu gegründeten Tsche-
choslowakischen Republik angegliedert, ist überwiegend von Deutschen besiedelt. Die Tschechen stellen
gerade mal ein Fünftel der Bewohner. Bei den Wahlen
1935 erreicht Konrad Henleins Sudetendeutsche
Partei für die Nazis landesweit die meisten Stimmen.
Zwischen den Volksgruppen verschärfen sich die
Spannungen, vor allem mit dem Münchner Abkom-
men von 1938 und dem Einmarsch deutscher Trup-
pen. Nach dem Krieg schlagen die Tschechen zurück.
Die Deutschen sind nun Staatsfeinde, so legen es die
von Staatspräsident Eduard Beneš erlassenen De-
krete fest. Das bedeutet kollektive Enteignung und
Abschub (*Odsun*). Es kommt zur Massenaustreibung
in mehreren Schüben, vielfach mit äußerster Bruta-
lität. In Trautenau wird im Frühsommer das Gelände
der vormaligen AEG-Fabrik zur qualvollen Durch-
gangsstation der Davongejagten. Mit Auspeitschun-
gen, Folterungen und Erniedrigungen, in denen sich
die Rachegelüste austoben.

Von alldem bekommen die geflüchteten Königsberger auf dem entlegenen Gehöft zunächst wenig
mit. Doch im Herbst nach der Rübenernte heißt es
auch für sie dann *vseky ven*, »alle raus!«. Wer dieser
Order nicht folgt, läuft Gefahr, dafür bitter zu büßen.
Es darf nur Handgepäck mitgenommen werden. Immerhin auch der Bollerwagen. Auf den passen ein
Pappkoffer und ein Sack mit Kleidung und Wäsche.
Darauf hockt der Sohn, meist vergnügt einen roten

Blechbottich mit ein paar Lebensmitteln als Trommel nutzend.

In größeren Gruppen ziehen die Fortgejagten davon. Ein halbes Jahr nach Untergang des »Tausendjährigen Reichs« sind jetzt also auch jene Deutschen auf der Flucht, die darauf gehofft hatten, in ihrer Heimat bleiben zu können. Zum Treck nach Norden gehören Zehntausende. Hinter der Oder-Neiße-Linie, in vormals deutschem Gebiet, das mit den Potsdamer Vereinbarungen der Siegermächte Polen zugesprochen wurde, herrschen Angst und Gewalt. Zwar haben die Alliierten im Potsdamer Protokoll festgelegt, »jede derartige Überführung« solle »in ordnungsgemäßer und humaner Weise erfolgen«. Doch davon kann keine Rede sein.

Hinter Oder und Neiße liegt, wie es der 1933 emigrierte spätere Zukunftsforscher Robert Jungk in einer historischen Reportage seinerzeit beschreibt, »das Land ohne Sicherheit, das Land ohne Gesetz, das Land der Vogelfreien, das Totenland«. Und in einem Leserbrief an die *Times* kritisiert der britische Philosoph Bertrand Russell Ende Oktober 1945 den Abschub der Deutschen: »Ist es humaner, alte Frauen und Kinder zu vertreiben und in der Ferne sterben zu lassen, als Juden in Gaskammern zu ersticken?« Ein höchst zweifelhafter Vergleich, aber auf den Philosophen hört ohnehin niemand.

Der Treck führt in Richtung Stettin mit der Hoffnung, irgendwo vorher an der von russischen Soldaten nunmehr abgeriegelten Oder-Neiße-Linie ein

Nach der Rübenernte heißt es »Alle raus!«:
Massenaustreibung der Deutschen aus dem Sudetengau, Ende 1945

Schlupfloch in die neue Sowjetische Besatzungszone zu finden. Gerade mal fünfzehn Kilometer pro Tag kommt der Flüchtlingstreck voran. »Jeder hat nur an sich selbst gedacht«, wird die Königsbergerin später erzählen. Es ist ein Elendsmarsch. Vorbei an öden Feldern, ausgebrannten Dörfern, geplünderten Weilern; mit Erfrorenen, Erschlagenen und Erschossenen am Wegesrand. Die kalten Nächte müssen die Flüchtlinge in Scheunen und Ställen verbringen, oft auch unter freiem Himmel. Schlimmer noch: Sie sind Beute für polnische Wegelagerer, dagegen gibt es keinerlei Schutz.

Der Überfall geschieht im Schneegestöber, irgendwo in einem Waldgebiet Niederschlesiens. Drei Banditen, Pistolen in den Händen, stürmen aus einem Fichtendickicht und stürzen sich auf den Bollerwagen. »Meine Sachen, meine ganzen Sachen«, kreischt das Kind, als sie Pappkoffer nebst Kleidersack wegschleppen. Auch die Mutter wird mitgerissen in den Wald. »Mein Gott, das arme Kind«, schreien die anderen Flüchtlinge und scharen sich um den ausgeplünderten Bollerwagen und den aufgebrachten kleinen Mann darin.

Irgendwann kommt die Mutter weinend zurück. Mit dem halb leeren Koffer. Die Banditen haben ihr vom Inhalt immerhin die persönlichen Dokumente und die Partituren des Komponisten gelassen. Was sonst noch im Wald passiert ist, kann sich das Kind damals nicht vorstellen, die Fluchtgefährten aber ahnen es. »Wenn das Kind nicht gewesen wäre, hätte ich mich umgebracht«, vertraut die Königsbergerin Jahrzehnte später einer Freundin an. Im Familienkreis wird sie zeit ihres Lebens zu diesem Abschnitt der Flucht, das aber auch erst nach einigen Gläsern Wein, nur bitter sagen: »Verdammte Polacken«. Mehr zu offenbaren verbietet ihr die Würde. Dass ausgerechnet eine polnische Pflegerin ihr im hohen Alter lange zur Seite stehen wird, ist eine bemerkenswerte Kapriole der Völkerverständigung.

Der Bollerwagen leistet weiterhin treue Dienste, macht nie schlapp. Weder bricht ein Rad noch die Deichsel. Deutsche Wertarbeit! Schmerzlich in Erinnerung bleibt die Nacht in einem Notquartier. Die beiden Königsberger liegen ganz unten im Stockbett. Auf der mittleren Pritsche vergnügt sich ein junges Paar, bricht mit dem Rahmen durch, trifft Mutter und Kind schwer am Kopf. Das Paar bezieht von den übrigen Flüchtlingen heftige Prügel, wird beinahe gelyncht und aus der Baracke geworfen.

Schließlich öffnet sich für die Schauspielerin ein Weg nach Westen. Eine kleine Fähre bringt sie und andere Flüchtlinge des Nachts über die Oder, man findet Unterkunft in der ostbrandenburgischen Landgemeinde Parstein. Mutter und Sohn werden dreimal gegen Typhus geimpft, und der Ortsvorsteher fabriziert eine »Bescheinigung«, dass die Inhaberin sich polizeilich abmelde, »um zu ihrem Mann nach Hannover« zu fahren. Das Ganze mit handschriftlicher Beglaubigung in Russisch (*Propusk*) auf der Rückseite des Zettels.

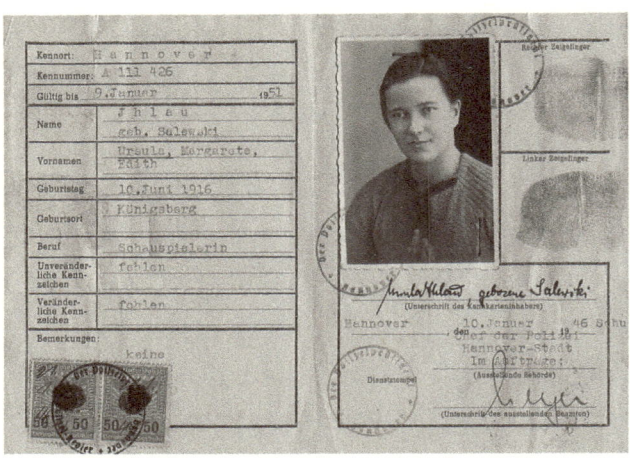

Melancholisch nach vierzehn Monaten Flucht:
Neue Kennkarte der Königsbergerin, Januar 1946

Der Passierschein hilft weiter. Nach fünfhundert-
fünfzig Kilometern Fußmarsch mit dem vierrädri-
gen Begleiter erreicht die Königsbergerin Ende November Berlin. Das Kind rollt im Bollerwagen über
den Ku'damm, vorbei an Trümmerlandschaften. Dann
geht es mit dem Zug in Etappen weiter. Nach Magde-
burg zur nicht sonderlich erfreuten Verwandtschaft,
deren Nachkommen es gegen Ende der Deutschen
Demokratischen Republik zu hohen Stasiposten bringen werden.

Endlich, kurz vor Weihnachten, erreichen Flüchtlinge und Fluchthelfer die Familie des Komponisten
in Hannover. Sie werden von seiner Schwester, die im
Vorort Linden eine Apotheke betreibt, herzlich aufge-
nommen. Die Schauspielerin verschafft sich beim Po-
lizeipräsidium eine neue Kennkarte. Das Foto darauf
zeigt ein melancholisches Antlitz. Sie hört, dass der
Ehemann im oberbayerischen Traunstein wartet, es
aber noch keine Zuzugsgenehmigung der amerikanischen Besatzungsmacht gibt. Insgesamt fast vierzehn
Monate hat die Flucht bislang gedauert.

Über das Schicksal der in Königsberg gebliebenen
Eltern sind Einzelheiten erst viel später zu erfahren.
Metgethen wird Zeuge gleich mehrerer Gräueltaten.
Ende Januar 1945 treiben SS-Wachmannschaften Tau-
sende Häftlinge, überwiegend Juden, die aus den
Außenlagern des Konzentrationslagers Stutthof nach
Königsberg gebracht worden sind, in Richtung Pillau;
die Straße führt an Metgethen vorbei. Der Großvater
hört Schüsse und sieht Dutzende Leichen im Schnee.

Die SS-Leute haben Zusammengebrochene sofort erschossen. Die überlebenden Häftlinge dieses Todesmarsches werden bei Palmnicken unter Gewehrfeuer in die eiskalte Ostsee gejagt und ertrinken.

Kurz darauf trifft der Horror Metgethen selbst. Anfang Februar nehmen die Russen das Waldgebiet um den Vorort von Königsberg ein. Als es zweieinhalb Wochen später von deutschen Soldaten wieder freigekämpft wird, um den Korridor zum Hafen Pillau zu öffnen, bieten sich Schreckensbilder wie aus Nemmersdorf: vergewaltigte und ermordete Frauen mit ihren toten Kindern, Hunderte Opfer auch unter den ukrainischen Zwangsarbeitern.

Die Großeltern geraten im April in den »Endkampf« um Königsberg, das auf Befehl Hitlers zur »Festung« erklärt wurde unter dem Kommando des Infanteriegenerals Otto Lasch. Dies mit dem Auftrag, »auf Gedeih und Verderb« einen heroischen Untergang zu zelebrieren in der »Gewissheit, dass wir etwas erkämpfen, wenn nicht unser Leben, so doch unsere Ehre«. Der Aufruf der Partei lautet geradezu makaber: »Entweder wir lassen uns in der Festung wie tolle Hunde erschlagen, oder wir erschlagen die Bolschewisten vor den Toren unserer Stadt.« Ein ganz und gar hoffnungsloses Unternehmen angesichts der sowjetischen Übermacht von zweihundertvierundzwanzigtausend Soldaten, die zum »Sturm auf das faschistische Räubernest« ansetzen. Die deutschen Verteidiger können demgegenüber nur noch zehntausend Mann aufbieten, denen es an Waffen und Muni-

tion mangelt. Von den etwa hundertfünfundzwanzig-
tausend Zivilisten und Flüchtlingen, die noch immer
in Kellern und Luftschutzräumen der belagerten
Stadt ausharren, weil sie nicht rechtzeitig evakuiert
werden durften, kommt bei den Kampfhandlungen
ein Viertel ums Leben, wenn nicht mehr.

Otto Lasch kapituliert am 9. April, nachdem die
letzten Widerstandskräfte aufgerieben sind und
sowjetische Stoßtrupps bereits vor seinem Bunker
am Paradeplatz stehen. Diese Kapitulation könne
man auch »Rettung des eigenen Kopfes nennen«,
kreidet Michael Wieck, der als »Geltungsjude« Königsbergs Untergang miterlebte, dem General Feig-
heit nach einem sinnlosen Opfergang an. Das Hinaus-
zögern der Kapitulation habe die Russen zusätzlich
wütend gemacht, »und diese Wut über soviel Wahn-
sinn ließen sie an der Zivilbevölkerung aus. Wer in
verlorener Position beweist, dass er immer nur mehr
Russen töten will, der darf sich nicht wundern, wenn
auch Russen hemmungslos Deutsche töten.« Das
kann man durchaus so sehen. Für Lasch bedeutete
der Verzicht auf den Heldentod zehn Jahre sowjetischer Kriegsgefangenschaft.

In Flugblättern hatten die Russen bei einer Kapitulation die würdige Behandlung aller Gefangenen
und Verwundeten versprochen. Doch nun sind die
Überlebenden dem Abrechnungsterror der Besatzungsmacht ausgesetzt, mit unzähligen Vergewal-
tigungen, grausamen Ausschreitungen und Erschie-
ßungen.

Auch in Metgethen sind Frauen Freiwild. Die Großeltern werden aus dem Haus geprügelt und getrennt. Wie Zehntausende Zivilpersonen werden sie auf Hungermärschen durch das Samland gehetzt, bis man sie in Arbeitslager sperrt. Wie es Ostpreußen damals erging, davon hat Lew Kopelew, seinerzeit Major der Sowjetarmee, als Augenzeuge der Sieger in *Aufbewahren für alle Zeit!* mit schonungsloser Aufrichtigkeit erzählt: »Warum entpuppten sich viele unserer Soldaten als gemeine Banditen, die rudelweise Frauen und Mädchen vergewaltigten – am Straßenrand im Schnee, in Hauseingängen; die Unbewaffnete totschlugen, alles, was sie schleppen konnten, kaputtmachten, verhunzten, verbrannten?«

Der Großvater landet in einem Internierungslager für politisch Verdächtige. Es gelingt ihm, in wochenlangen Einzelverhören die KGB-Befrager, die nach dem Verbleib des Gauleiters Koch fahnden, von seiner Unschuld und dem frühen Bruch mit der Partei zu überzeugen. Er darf im Jahr darauf nach Berlin ausreisen. Die fünfundsechzigjährige Großmutter jedoch verschwindet im Strudel von Willkür und Gewalt. Alle Nachforschungen im Suchdienst des Deutschen Roten Kreuzes, auch mithilfe der Russen, bleiben ohne Ergebnis. Die Gesuchte sei, so ein abschließendes Gutachten aus dem Jahr 1978, »mit hoher Wahrscheinlichkeit in der Gefangenschaft verstorben, noch bevor eine namentliche Registrierung erfolgen konnte«.

Endkampf um die »Festung« Königsberg:
Rotarmisten erobern Ostpreußens Hauptstadt, April 1945

Im Chiemgau

Jetzt rollt er wieder, der Bollerwagen. Er wird gebraucht, er macht sich nützlich. Im bitterkalten März
des Jahres 1946 findet die Familie nach zweieinhalb
Jahren Trennung im oberbayerischen Traunstein
zusammen. Die in Hannover gestrandete Königsbergerin hat nach langem Warten für sich und ihren Sohn
von der amerikanischen Militärbehörde die Zuzugsgenehmigung in die US-Besatzungszone erhalten;
und der Komponist, der das Kriegsende im Lazarett
verbrachte, hat am Sparzer Weg als Provisorium eine
feuchtkalte Bleibe aufgetan.

Dorthin wird nun mit dem Bollerwagen ein dringend benötigter Kanonenofen transportiert. Gleich
danach geht es in den nächsten Wald, um eine Fuhre
Brennholz herbeizuschaffen. Das ist immerhin ein
guter Anfang. Wegen des Mangels an Heizstoffen, vor
allem an Kohle, hat General Dwight D. Eisenhower
diese Art der Selbstversorgung »zur Deckung des
notwendigsten Bedarfs« ausdrücklich gestattet. Das
reicht nicht immer. Es gibt kein warmes Wasser, und
im Winter sind bisweilen die Fenster zugefroren. Der
Bollerwagen muss schwer schuften.

Traunstein inmitten des Chiemgaus nördlich der Alpen ist eine Kreisstadt, die es, an einem wichtigen Handelsweg gelegen, schon im Mittelalter mit der Salzproduktion, dem »weißen Gold«, zu erheblichem Wohlstand brachte. Mehrmals von Bränden heimgesucht und rasch wieder aufgebaut, diente die Stadt im Zweiten Weltkrieg als riesiges Lazarett mit zuletzt über sechstausend Verwundeten.

Den Vormarsch der Amerikaner auf Hitlers vermeintliche Alpenfestung übersteht die gesamte Region ohne größere Verheerung, allein ein Bombenangriff auf Traunsteins Bahnhofsviertel fordert Mitte April 1945 über hundert Tote. Die Wehrmachtsverbände lösen sich auf, Tausende deutscher Soldaten ergeben sich, werfen Waffen und Munition in Bayerns größten See.

Im leichten Schneetreiben ziehen die Amerikaner am 3. Mai in Traunstein ein, errichten in der NS-Kreisleitung eine provisorische Befehlszentrale. Der Bürgermeister ist ihnen entgegengeeilt, um die kampflose Übergabe der Stadt anzukündigen. Die Nazibonzen, hohe Wehrmachtoffiziere und SS-Einheiten haben sich in Richtung Salzburg abgesetzt. Die letzten Schergen des braunen Regimes verüben noch am Tag der Übergabe eine Bluttat: SS-Mannschaften ermorden östlich der Stadt in einem Wald bei der Gemeinde Surberg einundsechzig jüdische KZ-Häftlinge aus dem Konzentrationslager Flossenbürg, die am Tag zuvor durch die abgesperrten Straßen Traunsteins getrieben worden sind. Niemand wagt es, den Gefangenen zu helfen,

Ein Kleinod im Chiemgau:
Traunstein mit Hochfelln und Hochgern

auch nicht angesichts des offenkundigen Untergangs des Terrorregimes.

Nach kurzer Inhaftierung ist der Komponist von den Amerikanern Mitte Juni aus dem Baldham Separation Center entlassen worden. Das Gutachten des Militärarztes bescheinigt ihm, dass er wegen »Krampfadernbeschwerden« nur »bedingt arbeitsfähig« sei. Aber Arbeit zu finden ist ohnehin kaum möglich im anarchischen Wirrwarr der ersten Nachkriegsmonate. In und um Traunstein lebt ein buntes Völkergemisch. Gerd Evers hat das mit seinen Chroniken akribisch dargestellt. Von Kriegsbeginn bis Ende 1945 wächst Traunsteins Einwohnerzahl um vierzig Prozent auf gut sechzehntausend Personen: Evakuierte aus dem Reich sowie die ersten Flüchtlingswellen aus den deutschen Ostgebieten; außerdem Tausende »Fremdarbeiter« aus Russland, Polen, Serbien, Ungarn, der Ukraine und Frankreich, die in dreizehn Lagern untergebracht und in der Landwirtschaft sowie einer Munitionsfabrik beschäftigt sind. Nach der Kapitulation kommen dann Displaced Persons hinzu, von den Amerikanern befreite KZ-Häftlinge und ausländische Zwangsarbeiter, von denen die Militärregierung im Landkreis Traunstein noch im April 1947 über sechstausendvierhundert Personen registriert.

»Dies war einmal eine ruhige, kleine Stadt an den malerischen Vorbergen der bayerischen Alpen. Der Krieg und seine Folgen verwandelten sie in ein übervölkertes Irrenhaus hoffnungsloser Bewohner«, schreibt über das ganze Durcheinander ein amerika-

Von Displaced Persons übervölkerte Schneiderwerkstatt:
Traunstein im Wirrwarr der Nachkriegsjahre

nischer Reporter im *Indianapolis Star* nach seinem Besuch. Die meisten Fremden vegetieren in Camps und Baracken, die oft verwanzt sind und auf bloßem Boden stehen. Moshe Zudkowitsch hält über das Leben im DP-Lager Traunstein fest: »Drinnen ein Gewimmel wie in einem jüdischen *schtetl*. In den sieben großen Blocks wohnen knapp zweitausend Menschen mit all ihren Sorgen und Wünschen.«

Dabei lautet die Direktive der Besatzungsmacht an die Bevölkerung des »besiegten Feindstaates«, ehemalige KZ-Insassen im Bedarf an Unterkunft »bevorzugt« zu behandeln. Dies geschieht auch in einigen Fällen, schafft indes erhebliche Schwierigkeiten. Außerdem wird insbesondere den jüdischen Displaced Persons selbst nach Erkenntnissen der Traunsteiner Militärregierung vorgeworfen, »dass sie definitiv das Schwarzmarktgeschäft als ganzes beherrschen, obwohl sie zahlenmäßig nicht dominieren«. Schwarzmarkthändler braucht man, man mag sie aber nicht.

Eine ganz andere Erfahrung mit den Fremden macht der kleine Königsberger, nunmehr ein Seppl in Lederhose, der das hinterste Au-Bairisch spricht. Im Zentrum der Stadt, an einem von Ausländergruppen ständig umlagerten Park, muss er dringend in eine öffentliche Bedürfnisanstalt, hat aber keinen Pfennig dabei. Der Toilettenwärter weist ihn barsch zurück: »Du derfst do ned bießeln, muast zoin!«

Der Seppl ist verzweifelt. Einer der Ausländer, ein hagerer Mann mit schwarzem Lockenkopf und Kinnbart in einer gestreiften, zerschlissenen Häftlingskluft,

»Du derfst do net bießeln«:
der Autor als Seppl, 1948

beobachtet die hochnotpeinliche Abfuhr kopfschüttelnd. Er schreitet ein und blafft den Toilettenwächter an: »Mann, se sind wohl meschugge, lassen se den Kleenen doch bießeln!« Der Zurechtgewiesene will sich mit einem KZ-Überlebenden lieber nicht anlegen, wendet sich grummelnd ab und lässt den Bursch im Pissoir pinkeln.

Ende 1946 gibt es in Traunsteins Stadtbereich nahezu dreitausend Displaced Persons und etwa fünftausendachthundert deutsche Flüchtlinge. Die Folge ist eine horrende Wohnungsnot, viele Obdachlose müssen in Behelfsbaracken oder Wirtssälen nächtigen. Der Hannoveraner und die Königsberger haben Glück: Sie ergattern in einem Haus an der Mittleren Hofgasse ein stattliches Einzelzimmer mit Küchenbenutzung. Mit Vorhängen werden zwei Schlafecken abgeteilt. Es ist eng, aber wenigstens sicher und beheizbar – wenn auch einige Nachbarn verdrießlich dreinschauen.

Flüchtlinge sind nicht sonderlich willkommen in dieser Zeit, vor allem nicht in dieser Region. Deren gesamte Sozialstruktur gerät durch die Zuwanderer aus den Fugen. Mit ihnen, so bemerkt Gerd Evers wohl treffend, »waren auch fremde Lebensweisen und Glaubenshaltungen in die heile Welt des katholisch und bäuerlich geprägten Chiemgaus eingebrochen«. Man kann es auch krasser ausdrücken: Traunstein ist ein Kleinod, wie der ganze strahlend schöne Chiemgau vor Hochfelln und Kampenwand vom Krieg nahezu unversehrt. Viele wissen dort offenbar kaum, wie beneidenswert sie im Vergleich mit anderen Deutschen den Krieg überstehen durften. Sie haben ihre heimische Kultur und Infrastruktur erhalten, ihr Hab und Gut bewahrt, ihre Häuser und Gemüsegärten nicht verloren. Flüchtling zu sein und noch dazu evangelisch in einer stockkatholischen Umgebung ist also nicht empfehlenswert.

Es gibt einige gut gemeinte Aufrufe wie die des Wohnungs- und Flüchtlingskommissars Peter Seeholzer. »Wenn man das Elend und die Not der Flüchtlinge sieht, so muss einer schon eine ganz besondere rücksichtslose Natur haben, wenn er da nicht freiwillig Platz schafft für die frierenden Mütter und Kinder«, heißt es in seinem Rundschreiben an die Gemeindebürgermeister Anfang 1946, verbunden mit der Drohung: »Wer nicht mittut bei der Aktion, den kann man ohne Weiteres als einen Feind der Demokratie und des Wiederaufbaus bezeichnen und mit den Nazis und Militaristen auf eine Stufe stellen.«

Ähnlich dürfte auch Josef Felder gedacht haben, der als einer von vierundneunzig Sozialdemokraten 1933 im Reichstag noch mutig gegen Hitlers Ermächtigungsgesetz gestimmt hatte. Die Amerikaner machen den Widerstandskämpfer zum Lizenzträger und Chefredakteur des *Südost-Kurier*. Nicht unbedingt zu dessen Freude. Der gebürtige Augsburger tritt seine neue Berufung in Bad Reichenhall in dem Bewusstsein an, dass zwar das Land von seinem sozialdemokratischen Parteifreund Wilhelm Hoegner regiert wird, er selbst aber sich nunmehr in »tiefschwarzen

Kreisen« behaupten muss; im Chiemgau dominieren Christlich-Soziale Union und Bayernpartei.

Vor allem der Bezirksdirektor des Bauernverbandes, Jakob Fischbacher, setzt sich als übler Hetzer gegen die »Neubürger« in Szene. Für ihn ist die Heirat eines bayerischen Bauernsohns mit einer norddeutschen Blondine schlicht »Blutschande«. Allen Ernstes tönt der Mitbegründer der Bayernpartei und spätere Fraktionsvorsitzende im Landtag im April 1947: »Die Preußen, dieses Zeugs, und die Flüchtlinge müssen hinausgeworfen werden, und die Bauern müssen dabei tatkräftig mithelfen. Am besten schickt man die Preußen gleich nach Sibirien.« Immerhin kommt es zu einigen Protesten gegen diesen famosen Bajuwaren. Fischbachers Haus in der Gemeinde Rimsting, in der es von Flüchtlingen wimmelt, bleibt gleichwohl von Zwangseinquartierungen verschont.

Die Amerikaner sind zunächst keine gnädigen Sieger. Das Bild vom kinderlieben GI, der Kaugummi und Schokolade verteilt, stammt aus einer späteren Zeit, als sich bereits eine strategische Zeitenwende abzeichnet, der Brite Winston Churchill vom »Eisernen Vorhang« spricht und mit der Sowjetunion den neuen Feind markiert. Zunächst einmal stehen die Zeichen auf »non-fraternization« und klare Abgrenzung. »Die Erfahrung zweier Kriege innerhalb fünfundzwanzig Jahren bestärkt uns in unserer Absicht, nie wieder eine Bedrohung des Weltfriedens durch Deutschland zuzulassen«, heißt es am 6. August 1945 in Eisenhowers Botschaft an das deutsche Volk,

»Nationalsozialismus und Militarismus in jeglicher Erscheinungsform werden ausgerottet.«

Um dem Aufbau einer demokratischen Gesellschaft den Weg zu bahnen, werden die meisten öffentlichen Ämter von Nazis gesäubert. Führende Funktionäre landen in Arbeitslagern, suspendierten Beamten werden die Gehälter gesperrt, ehemalige Parteigenossen müssen Wohlfahrtsabgaben leisten und dürfen kein Kraftfahrzeug besitzen. Die gesamte erwachsene Bevölkerung zwischen siebzehn und siebzig Jahren ist zur Selbstauskunft über die politische Vergangenheit verpflichtet. Gleichwohl gibt es nicht wenige, die es geschickt verstehen, sich diesem Verfahren zu entziehen. Spruchkammern entscheiden über die Einstufung als Hauptbeschuldigter, Belasteter, Minderbelasteter, Mitläufer oder Entlasteter. Je nach Kategorie ist das gleichbedeutend mit einem Berufsverbot, die sich hinziehenden Verfahren sorgen in der Bevölkerung für wachsenden Missmut.

Das gilt auch für den Hannoveraner, der jetzt dafür büßen muss, dereinst aus karrieristischem Kalkül der Partei beigetreten zu sein. Der Komponist kriegt keinen festen Job. Er schlägt sich als freier Mitarbeiter mit Musikkritiken für den *Südost-Kurier* durch, fühlt sich als Bittsteller mit viel Leerlauf. In seinem Tagebuch findet sich die Notiz: »Manchmal möchte man alles aufgeben.«

Dann kommt ein Lichtstreif mit dem Angebot für eine Tonmeisterstelle beim Münchner Radio. Doch weil er in der NSDAP war und den Persilschein als

Mitläufer noch nicht vorweisen kann, scheitert die Berufung am Einspruch des strengen Katholiken und Staatsministers für Unterricht und Kultus Alois Hundhammer. Als er am 28. Januar 1948 dann endlich als »Mitläufer« entnazifiziert ist, befreit ihn dies jedoch keineswegs von der Rolle des Parias. Eine Bewerbung beim Radio Köln zerschlägt sich, weil der britische Kontrolloffizier Bedenken anmeldet. Radio Hannover will den gebürtigen Hannoveraner nur anstellen, wenn er die Einstufung in Kategorie V als »Entlasteter« vorzuweisen vermag. »Man kann verzweifeln an dieser verfluchten Entnazifizierung, durch die einem kaltlächelnd der Lebensfaden abgeschnitten wird«, schreibt der Abgewiesene in seinen Aufzeichnungen mit lodernder Wut, »das ist das größte Verbrechen der Demokratie.«

Nur mit Mühe können die Militärregierung und die von ihr neu eingesetzte deutsche Verwaltung die Bevölkerung mit Lebensmitteln versorgen. Nicht nur die Flüchtlinge, auch die Einheimischen sind auf Zuteilungen angewiesen. Auf den Bauernhöfen des Chiemgaus lebt es sich trotz aller Lieferpflichten recht angenehm. Den Stadtbewohnern aber fehlen viele der rationierten Grundnahrungsmittel, die ohne Lebensmittelkarten und lange Warteschlangen nicht zu kriegen sind. Noch im pathetischen Stil der gerade überwundenen braunen Zeit richtet der Leiter des Traunsteiner Ernährungsamtes an die Bauernschaft den Appell: »Darum, Bauer, erkenne deine Pflicht! Gehe hin und bringe auch das letzte entbehrliche

74

Korn, den letzten Tropfen Milch, das letzte Stück Vieh aus dem Stall auf die Märkte und an die Sammelstellen und beweise damit, dass du ein treuer Sohn deiner schönen und gottgesegneten Heimat bist. Es soll später nicht heißen, dass gerade der bayerische Bauer in der schweren Zeit seines Volkes nur für sich selbst gelebt hat.«

Der Königsberger Familie geht es schlecht. Sie hat keine geregelten Einkünfte, muss manchmal hungern. Die Schauspielerin erweist sich auch im Kulinarischen als Künstlerin, sie versteht es, aus nichts etwas Essbares zu zaubern. Gestreckte Suppen, Eintöpfe und Kartoffelgerichte bestimmen den Speiseplan. Fisch gibt es nie, Fleisch eher selten, mal die fetten Schusterkoteletts oder den Hackbraten »Falscher Hase«. In Erinnerung geblieben ist bei Mäkeleien der Merksatz: »Gegessen wird, was auf den Tisch kommt«, ein erzieherischer Spruch, dessen Erwähnung einige Nachkommen nahezu wahnsinnig machen wird. Damals hat er durchaus seine Berechtigung, denn letztlich sind alle froh, wenn es überhaupt etwas gibt.

Der junge Bursch macht im Hof vom Bollerwagen aus eine beklemmende Beobachtung: Sein Vater, auf fünfzig Kilo abgemagert, geht vor der Hausbesitzerin, einer wohlhabenden Meierin, in die Knie und zieht den Hut. Die Dame im Pelz lässt gönnerhaft zwei Schachteln Schmelzkäse in den Hut fallen. Dem Kind geht die Bedeutung dieser Szene erst später richtig auf, sie gräbt sich fest ein in das Gedächtnis: »Wir sind Bettler!«

Da es sich vom Arbeitslosengeld – nach der Währungsreform zwanzig Mark und zehn Pfennige pro
Woche – schlecht leben lässt, sind regelmäßige Hamstertouren in den Chiemgau angesagt. Mit dem Bollerwagen ziehen Vater und Sohn los, nur leider haben sie
nichts zum Tauschen anzubieten. Sie können froh
sein, wenn sie ein paar Kartoffeln erbeuten. Bisweilen
stoßen sie auf Pappschilder mit der Aufschrift »Wir
wollen keine Fremden hier«. Armutsflüchtlinge sind
eben unerwünscht. Meist werden die Türen zugeschlagen, und der Ruf »Verschwinds, damisches Gesindel« ist noch die mildeste Abfuhr. Manchmal lassen die Bauern auch ihre Hunde los, um die Hamsterer
zu vertreiben. (Übrigens: Erzählte man diese Ge-
schichten Jahrzehnte später bajuwarischen Granden
wie Franz Josef Strauß oder Edmund Stoiber, beka-
men die Herren rote Ohren. Es empfahl sich, be-
schwichtigend den Satz nachzuschieben: »Aber in
Schleswig-Holstein oder Niedersachsen war es damals wohl kaum anders.«)

Die Stimmung der Bevölkerung, bei Einheimischen wie Fremden, ist mies in den ersten Nachkriegsjahren, trotz der erlebten Katastrophe sind
viele noch immer den Nazis zugetan. Ein Zeugnis für
den wachsenden Unmut sind die internen Lagebe-
richte des Bürgermeisters. Der teilt etwa am 10. Februar 1947 dem Landrat mit, dass man zwar dankbar
sei für die dauernde Einführung von Care-Paketen,
den Amerikanern aber die Demontage von Werken
anlaste, die nicht der Kriegsindustrie gedient haben;

vielmehr sollten die doch energisch den Wiederaufbau von Industrie und Handel fördern.

Da schimmert offenbar die Angst durch, die Amerikaner könnten es doch mit dem politischen Plan ihres vormaligen Finanzministers Henry Morgenthau halten, der Deutschland in einen Agrarstaat umwandeln wollte, von dem nie mehr ein Angriffskrieg ausgehen sollte. Weiter heißt es in dem Lagebericht des Bürgermeisters: »Der Mangel an Kohle, Brennstoff, Energie und Treibstoffen und die Härte des Winters hat einen großen Teil der Wirtschaft zum Erliegen gebracht und zwingt auch die Stadt zu äußersten Anstrengungen, um das öffentliche Leben, vor allem den Betrieb von Krankenhäusern, Schulen, Altersheimen und der Energieversorgung aufrecht zu erhalten. Die Unsicherheit der ganzen Verhältnisse und der Zukunft sowie die Nöte und die Sorgen des Alltags erzeugen allmählich eine Gleichgültigkeit gegen alles Geschehen außerhalb der eigenen vier Wände, die nur schwer zu bekämpfen und zu überwinden ist. Ob mit Recht oder Unrecht sieht ein großer Teil der Bevölkerung die Ursache dieser Krise auch in verschiedenen Maßnahmen der Besatzungsmacht.«

Als die Amerikaner dann das Fraternisierungsverbot kassieren, die Demontagen einstellen und sich zunehmend mit den Deutschen arrangieren, entstehen Chancen für ein kleines Zubrot. Die Königsbergerin tingelt als Sängerin durch amerikanische Clubs, begleitet von ihrem Mann am Klavier. Außerdem geht sie mit einem Bauerntheater auf Tournee. Das Flüchtlingskind wird abends um sieben ins Bett gesteckt und hört von den Tannenspitzen in der nahen Au die Gutenachtgrüße der Amseln.

Dann wird die Mutter krank, schreit erbärmlich auf unter ihren Ischias- und Rheuma-Anfällen. Derweil sitzt der Vater in der stets aus großen Pötten nach Kochwäsche stinkenden Küche der Hauswirtin, oft bis morgens um halb fünf, um die Partitur einer St.-Georgs-Messe fertigzustellen. Zu der hat ihn der Chorleiter Josef Schießl ermuntert. Nach zwei Monaten anstrengender Arbeit und wochenlangem Abschreiben der Orchesterstimmen wird das Werk gerade noch rechtzeitig fertig und zu Ostern 1948 in der katholischen Stadtpfarrkirche uraufgeführt. Mit großem Erfolg, es gibt Glückwünsche von allen Seiten. Der Stadtprediger bringt dem Komponisten mit seiner Singschar ein Ständchen, der Stadtpfarrer bedankt sich persönlich und überreicht dreihundert Reichsmark aus einer Vatikan-Spende.

Dies ist für den evangelischen Flüchtling der gesellschaftliche Durchbruch im katholischen Bürgertum. Beglückt schreibt er gleich noch ein Marienlied für die Barmherzigen Schwestern vom Städtischen Krankenhaus, welche die klamme Kleinfamilie regelmäßig mit Lebensmitteln unterstützen. Das sei ein »kleines Dankesgeschenk«, so das Tagebuch, » denn ohne die Hilfe der Schwestern wären wir wohl schon halb verhungert«.

Da macht es Sinn, zur Selbstversorgung einen Schrebergarten zu bebauen, den die Familie am Hang zur Au zugeteilt bekommt. Mit dem Bollerwagen geht es wieder in den Wald, um Bohnenstangen zu schneiden und heranzukarren. Erste Erfolge werden bejubelt, penibel registriert: »Salat, Mangold, Kohl, Erdbeeren, Zwiebeln, Radieschen, zwei Kürbisse wachsen schon und erfreuen unser Herz«, hält der Komponist Mitte Mai fest und wünscht sich, später einmal ein Häuschen mit einem großen Stück Land zu besitzen. Bis dahin wird es noch gut ein Jahrzehnt dauern.

Zunächst führt der Weg weiter nach unten. Die Währungsreform vom Juni 1948 mit dem Umstellungsverhältnis von zehn zu eins vernichtet auch die letzten Reichsmarkreserven des arbeitslosen Komponisten, der vergeblich versucht, bei irgendeinem Rundfunksender unterzukommen. Er fühlt sich ein zweites Mal zum Bettler degradiert: »Wir stehen vor dem völligen Nichts und leben von der Wohlfahrt.« Das sind neunzig neue D-Mark monatlich. Davon gehen als laufende Zahlung fünfunddreißig DM an Miete ab, siebzehn DM für die Krankenversicherung, fünf DM für die Klaviermiete. Hinzu kommt noch die Lichtrechnung, sodass zum Leben weniger als dreiunddreißig DM übrig bleiben. Zwar fällt gelegentlich ein Honorar des *Südost-Kurier* an, doch diese Geldquelle sprudelt spärlich, für den Musikkritiker gibt es kaum etwas zu berichten. »Verfluchtes Zeitalter!«, schreit der Hannoveraner in seinem Tagebuch auf und übt beißende Fundamentalkritik: »Überall Not und Elend, wohin man schaut. Einige Wenige haben Geld wie Heu, die Masse der Menschen, besonders der Flüchtlinge und Ausgewiesenen, schleppt sich mühselig und ohne Hoffnung durchs Leben.«

Die Schaufenster der Läden sind auf einmal voll mit dem allerbesten Angebot an Waren, nur fehlt der Familie dafür die Penunze. Immerhin führt der Nachklang der erfolgreichen St.-Georgs-Messe dazu, dass der Komponist eine Hilfsarbeiterstelle angeboten bekommt. Er mustert im Musikgeschäft Fackler am Stadtplatz an, das unter der Leitung des Instrumentenmachers Karl Fischer später zum größten Musikhaus Südostbayerns aufsteigen wird. Als Saitenspinner in der Werkstatt verdient er bei Bedarf siebzig Pfennige pro Stunde. Die Schauspielerin veranstaltet drei Mal täglich ein Puppenspiel, auch das bringt ein paar Groschen ein. Doch dann muss sie diesen Job wieder aufgeben, nachdem der Vater bedrückt feststellt, dass »der Junge dauernd auf der Straße herumsitzt und völlig verludert«.

Das stimmt so nicht ganz. Die Karriere als Straßenkind hat jedenfalls den Vorteil, dass der Seppl früh lernt, sich als Außenseiter zu behaupten, sich durchzusetzen. Notfalls auch mit blauen Flecken und einem gebrochenen Nasenbein. Passt scho! Wollen die anderen die Spiele, die er gerne möchte, nicht mitmachen, sondert er sich oft ab und lernt früh, allein zurechtzukommen. Am liebsten kickt er an der Mittleren Hofgasse, gleich neben dem Bollerwagen, mit anderen Knirpsen zerbeulte Milchdosen über das Kopfsteinpflaster. Vom nahen Priesterseminar tauchen des Öfteren zwei smarte junge Männer in

Fideles Klassenzimmer mit Lehrerin Baumann:
Einschulung 1948, mit dem Autor, unten, Dritter von links

Schwarz auf, schnappen sich die Büchse und schieben sie nach einigem Gerangel feixend zurück. Das sind die stadtbekannten Gebrüder Ratzinger. Mit Fug und Recht wird der Sohn des Komponisten hochbetagt behaupten, er habe mit dem späteren Papst Benedikt einmal Fußball gespielt.

Gut, dass der Seppl dann endlich eingeschult wird. In der Evangelischen Schule sitzen dreiundvierzig Jungen und Mädel in einem fidelen Klassenzimmer, die meisten sind ebenfalls Flüchtlingskinder. Es gibt am ersten Tag eine bunte Papptüte mit Süßigkeiten. Und es gibt, ganz wichtig, da das knappe Familienbudget ein wenig entlastend, kostenlose Schulspeisung. Das warme Mittagessen, größtenteils aus amerikanischen Armeebeständen, wird in Kübeln angeliefert. Besonders begehrt ist Grießbrei mit Rosinen. Die Portionen mit wenigstens dreihundertfünfzig Kalorien sind reichlich, in der Regel auch schmackhaft. Das ABC wird auf die Schiefertafel geschrieben, mit dem Griffel dazu lässt sich marktötend kratzen. Die robuste Lehrerin, Frau Baumann, ist streng. Doch mit dem Rohrstock, wie man das aus anderen Klassen hört, hantiert sie nicht. Über ihren Königsberger Erstklässler schreibt sie im Zeugnis: »Er gibt sich Mühe, doch das Folgen fällt ihm schwer.«

Das Familienoberhaupt plagen andere Sorgen: Wieder und wieder bewirbt sich der Komponist als Tonmeister bei Rundfunkanstalten, doch es gibt keine Vakanz. Aus Frankfurt und Köln, aus Stuttgart oder Hamburg hagelt es Absagen. »Soll dieses unser Leben

Von den Nachbarskindern mit Spott überschüttet:
auf dem ersten Fahrrad, Sommer 1949

der Tiefstand sein, oder soll es noch weiter abwärts gehen?«, jammert er in seinen Notizen, »meine materielle und seelische Not ahnt wohl niemand.«

Die Depression verfliegt zu Ostern 1949. Der Münchner Radiosender, der den NS-Mitläufer nach wie vor nicht beschäftigen darf, überträgt am Ostermontag, von acht bis neun Uhr, dessen St.-Georgs-Messe live aus der Stadtpfarrkirche. »Ganz Traunstein ist stolz auf mich«, spürt der Tonkünstler Wohlwollen allerorten. Sein Gesamtwerk lässt selbst die ferne *Neue Zürcher Zeitung* aufmerken. Der Komponist sei ein Romantiker, »aber nicht in jenem sentimental verschwärmten und weltschmerzlich angekränkelten Sinne«. Behindert durch »zeitbedingte Schwierigkeiten«, so heißt es in der über vier Spalten laufenden Rezension, suche dieser Romantiker über die bloß subjektive Gefühlserregung hinaus »eine höhere Schönheit, die Wunderwelt der ›blauen Blume‹, Entrückung und Verzauberung in einem Reich der Verklärung«.

Donnerwetter! Solche Elogen liest jeder Künstler gerne, und sie geben dem sensiblen Hannoveraner denn auch gewaltig Auftrieb. Jetzt will er sich kompositorisch der »leichten Muse« widmen. »Vielleicht gelingt es mir«, lautet dazu die Tagebucheintragung, »auf diesem Wege den Platz an der Sonne zu erobern.« Den Anfang soll eine Neufassung seiner in Königsberg geschriebenen Operette *Das Zauberschloss* machen. Der Kredit von dreihundert DM eines Verbindungsbruders, der es im Ruhrgebiet zum Kiesbaron ge-

Eine Szene von seltener Harmonie:
der Vater mit dem Seppl auf Skiern, Winter 1949

bracht hat, befreit ihn für einige Monate von finanziellen Sorgen. Die Vollendung der Operette wird mit einer kleinen Hausfeier gewürdigt. Am billigsten dafür ist das Zusammenschütten einer Flasche Wermut, einer Flasche Likör und einer Flasche Apfelwein zum Heißmachen. Allerdings muss der Komponist dann »eine Woche lang an der Spinnmaschine von Herrn Fischer sitzen, um das verauslagte Geld wieder zu verdienen«.

Gleichwohl: Es geht aufwärts, unübersehbar. Vor Pfingsten werden zwei Fahrräder gekauft, jedes zu vierzig DM. In Ausflügen geht es nach Waging und wiederholt zum Chiemsee mit seinem Kieselsteinstrand. Allerdings ist nicht so viel Geld vorhanden, dass die Familie sich einmal eine Seerundfahrt mit einem der prächtigen alten Dampfer erlauben könnte. Und schon gar nicht, dass der Seppl beim Hochhecheln des endlosen Haslacher Bergs am Wagen des provokativ ganz oben stehenden Eisverkäufers haltmachen dürfte. Dafür müssen dann die Eltern beim Sailer Keller vorbeifahren, unter spöttischen Blicken der im Biergarten hockenden Zecher.

Dann steht, dies ebenfalls ein Zeichen des allmählichen Aufstiegs, ein neuerlicher Umzug an. Auf der Wartberghöhe werden im Haus einer warmherzigen Witwe drei Zimmer im Erdgeschoss bezogen. Erstmals hat der junge Bursch ein eigenes Zimmer. Um ihn gegenüber anderen nicht auszugrenzen, erhält er früh Schlitten und Skier sowie bald auch ein Fahrrad. Nur mit den hochnäsigen Nachbarskindern versteht er sich nicht so gut. Die beiden Töchter eines Tierarztes sitzen schon mal nackt im obersten Fenster und überschütten das Flüchtlingskind mit herbem Spott. Das ist auf Dauer nicht zu ertragen. Ein Stein findet den Weg zum Fenster und zerdeppert die Scheibe. Zornig erscheint der Tierarzt und präsentiert eine saftige Rechnung.

Das Ganze geht für den Jungen fatal aus. Die Königsbergerin ist es leid, die alleinige Erziehungsarbeit mit gelegentlichen Ohrfeigen zu leisten, und verlangt das Eingreifen des Vaters. Der Komponist greift zum Teppichklopfer und jagt den Jungen um den Tisch. Als er ihn nach drei Runden nicht erwischt hat, müssen die Eltern lachen. Der Seppl deutet dies fälschlicherweise als Friedenssignal und bleibt stehen. Von wegen Gnade! Er wird verdroschen, erträgt die Pein und sagt danach zum Vater nur: »Jetzt moag i di nimma!« Der Vater hat den Sohn danach nie mehr angerührt, der Sohn die väterliche Nähe nie mehr gesucht. Tiefenpsychologen mögen in diesem Vorfall eine der Ursachen für einen fortdauernden Vater-Sohn-Konflikt erkennen. Im Tagebuch findet sich hierzu keinerlei Vermerk.

Was huscht sonst noch durchs Hirn in Erinnerung an die späten Vierzigerjahre? Die erste Ohrfeige in Zusammenhang mit einer vorpubertären sexuellen Anwandlung zum Beispiel: Da steht am Schrebergarten in der Au neben der Mutter die erstaunlich vollbusige Tante Lottie. Der sechsjährige Bub hebt seine linke Hand und streicht damit über ihren Busen. Dafür fängt er eine Maulschelle von der Mutter ein und läuft heulend um den Schrebergartenblock. Über das Geschehen wird danach nie gesprochen.

Oder die dunkle Geschichte um den Nennonkel Franz, der bei seinen Besuchen stets den Jungen mit kleinen Geschenken erfreut und am liebsten mehrere Brotscheiben vollgepackt mit Zwiebeln vertilgt; Zwiebeln sind zu dieser Zeit reichlich vorhanden. Plötzlich kommt Franz nicht mehr, er hat sich erschossen. Irgendein böses, unterdessen bekannt gewordenes Kriegsereignis soll der Grund dafür gewesen sein. Schließlich noch die erste Banane: Zu den Gönnern des Komponisten in Notzeiten gehört die Kaffeehandlung Hämmerl, deren Seniorchef immer einen roten Türkenhut mit schwarzem Bommel trägt. Seine Tochter Lenchen schält genießerisch eine Banane, isst davon die Hälfte und sagt: »Willst du mal probieren?« Der Siebenjährige ist damals recht genant. Er nimmt das abgebissene Reststück und empfindet dieses Gourmeterlebnis als fürchterlich.

Der Chiemgau ist, zumal bei schönem Wetter, eine Kulturlandschaft ohnegleichen. Die kleine Flüchtlingsfamilie lernt diese Region mit ihren schmucken Dörfern bei vielen Ausflügen lieben – nach Ruhpolding, zum Sonntagshorn und der Winkelmoosalm, beim Kraxeln auf die Kampenwand mit dem betörenden Blick vom Gipfelkreuz auf den Chiemsee hinunter. Dort macht der Seppl die Prüfungen als Frei- und Fahrtenschwimmer, fühlt sich danach schon gehörig groß und selbstständig. Der Bollerwagen aber gerät zusehends ins Abseits, er wird nur noch bei Gartenarbeiten gebraucht. Das muss ihn schmerzen.

März 1950. Die Königsbergerin besucht mit ihrem Seppl Verwandte in der »Zone«, so wird der sowjetisch besetzte Teil Deutschlands damals genannt. Mit dem Zug geht es über Hof und die innerdeutsche Grenze hinauf zur Mecklenburgischen Seenplatte nach Waren an der Müritz. Dort hat sich die ältere Schwester mit ihrer Familie nach der Flucht aus Stettin eingerichtet, dort ist auch der Großvater schließlich gelandet. Die Mutter nötigt den Buben zu seiner ersten Straftat: Sie näht schwarz getauschte Ostmark in die umgeklappten Ärmelenden seines Pullovers ein. Die Mischpoke lebt gleich bei der Müritz gut mit Lebensmitteln versorgt in einem großen Haus, auf dem dazugehörigen Hof gibt es Ziegen, Kaninchen und viel Federvieh. Einige Hühner kostet der Armenbesuch aus dem Westen den Kopf, sie flattern auch ohne ihn noch einige Zeit herum. Von den eingeschmuggelten Ostmark wird vor der Rückfahrt kostengünstig eine gusseiserne Kochplatte gekauft.

»Habt ihr eigentlich noch meinen Bollerwagen?«, fragt der nunmehr als Buchprüfer tätige Großvater beiläufig, und seine Tochter sagt: »Gut, dass wir den bei unserer Flucht dabeihatten, er ist bestens in Schuss!«

Aus der Verwandtschaft, um die er sich nie sonderlich kümmern wird, steht dem kleinen Königsberger zeitlebens die fidele Cousine nahe, auf die harsche Prüfungen warten. Denn ihr Vater, Leiter der bäuerlichen Handelsgenossenschaft, gerät mit dem SED-Regime in Konflikt. Er wird in einem zwielichtigen Verfahren wegen Begünstigung der Großbauern und Blockierung der Zwangskollektivierung zu fünf Jahren Zuchthaus mit Vermögenseinzug verurteilt. Erst ein Jahr vor seinem Krebstod setzen sie ihn wieder auf freien Fuß.

Nie lassen sich die Königsbergerin und der Hannoveraner einspannen von den Revisionisten der ostpreußischen Landsmannschaft oder deren politischen Trabanten. Nie verfangen sie sich in der Illusion, einmal nach Königsberg heimkehren zu können. Beide besitzen den Flüchtlingsausweis A, nicht zuletzt, um eine lächerlich karge Summe aus dem sogenannten Lastenausgleich zu kassieren. Über Politik wird daheim, jedenfalls in Gegenwart des jungen Burschen, nie geredet. Ganz selten über die Stationen der Flucht. All das Gestrige wird verdrängt. Es ist der Sohn, der dereinst als Student agitatorisch auftreten und von seinen Eltern Auskunft über deren Verhalten während der NS-Zeit verlangen wird.

In Traunstein entdeckt der Heranwachsende das Lesen, er verschlingt vor allem Indianergeschichten. Die *Lederstrumpf*-Romane von James F. Cooper gibt es in der Ausleihe der Schulbibliothek, sie zählen zu seinen Lieblingsbüchern; *Mitaha-sa das Pulvergesicht* des Hamburger Schriftstellers Friedrich J. Pajeken liegt als Geschenk unterm Weihnachtsbaum. Und dann kommen auch noch Fritz Steubens Werke über den Häuptling Tecumseh hinzu. Dass bei dem vor-

maligen NS-Schreiber immer noch die nationalsozialistische Rassen- und Kampfesideologie durchscheint,
erschließt sich ihm indes erst viel später.

Plötzlich endet die Fluchtetappe Chiemgau. Köln
ruft. Ganz überraschend trifft im Frühjahr 1950 ein
Telegramm vom Nordwestdeutschen Rundfunk ein,
das dem Komponisten die ersehnte Stelle als Tonmeister anbietet. Der Vater fährt vor an den Rhein,
die beiden Königsberger folgen zehn Monate danach.
Zu ihrem übersichtlichen Umzugsgut gehört selbst-
verständlich auch der Bollerwagen.

Am Rhein

Die ersten Eindrücke nach dem Zuzug in die Domstadt am Rhein sind verheerend. Fast alles läuft schief. Der Bollerwagen fällt beim Ausladen auf die Seite und wird zum Invaliden, die Deichsel sowie ein eisenbeschlagenes Eichenrad brechen ab. Die Stadt selbst sieht, zumal wenn man aus dem heilen Chiemgau kommt, schrecklich aus. Sie ist im Februar 1951 noch immer voller Ruinen.

Und dann der erste Besuch der Grundschule in der Lochnerstraße. Der Junge, knapp neun Jahre alt, kehrt trotzig weinend davon zurück. Aber nicht weil er sich in der neuen Umgebung gleich gekloppt hätte. Es ist viel entwürdigender gewesen: Seine Mitschüler haben alle über ihn gelacht, weil er sich mit seinem Bairisch nicht verständlich machen konnte. Vergeblich hat die Lehrerin versucht, eine sprachliche Brücke zu bauen. Er ist also wieder, wie seinerzeit als Flüchtlingskind in Traunstein, ein Außenseiter und Fremder, hier in Köln »Immi« genannt. Aufgewühlt verlangt er von der Mutter: »I will wieder hoam.« Aber die Anhängerin preußischer Härte, keine Freundin tröstender Zuwendung, entgegnet ungerührt: »Du

»Als wir Köln wiedersahen, weinten wir«:
Dom mit zerstörter Rheinbrücke, 1946

musst halt Kölsch lernen.« Dazu wird es dann zwangsläufig schnell kommen.

So wie das Bairisch in Traunstein fliegt dem Jungen der rheinische Dialekt beim Fußballspiel auf der Straße zu, mit den »echte Kölsche«, den Kumpels aus der sogenannten Unterschicht der »Kraaten«. Davon gibt es genügend in der Mozartstraße, in der die Familie eine großzügige Rundfunkwohnung bezieht – mit lauten Nachbarn: Es klimpert, fiedelt, flötet und trommelt den ganzen Tag über bis weit in den Abend. Kein Wunder, die meisten Mitbewohner sind professionelle Musiker, die zu Hause auf ihren Instrumenten üben müssen. Dagegen lässt sich wenig sagen. Aber dem Komponisten und Tonmeister macht, wie er in seinem Tagebuch festhält, noch ein anderes Problem nachhaltig zu schaffen: »Viele schreiende und trampelnde Kinder bevölkern unser Riesenhaus.«

Da tobt der Junge lieber mit den »Pänz«, den gleichaltrigen Kindern, draußen herum. Dies möglichst dort, wo es unerwünscht oder strikt verboten ist. Häufiges Angriffsziel der Kraaten im Sommer ist der Garten des Dominikanerklosters. Dort stehen viele Obstbäume mit leckeren Pfirsichen. Sie fordern Mutproben geradezu heraus. Man darf sich nach dem Klettern über die Mauer nur nicht vom cholerischen Klosterkastellan erwischen lassen, der mit schweren Steinbrocken gerne Jagd auf die kleinen Diebe macht. Dabei ist der Obstraub doch nur eine Variante des von Kölns oberstem Kirchenfürsten in den Nachkriegsjahren ausdrücklich gestatteten Mundraubs, im Volksmund »fringsen« genannt: In einer Predigt hatte Josef Kardinal Frings illegale Selbsthilfe aus Not bei der Beschaffung von Lebensmitteln und Heizmaterial gerechtfertigt, was mit massenhaften Kohlediebstählen vor allem den Lastwagenfuhren und Eisenbahntransporten der Siegermächte zusetzte. Die Pänz in der Mozartstraße haben das Gefühl, dass auch die Pfirsiche aus dem Klösterchen »zur Erhaltung der Gesundheit« notwendig sind, wie das der Kardinal von Sünden ausdrücklich freistellte. Nur bis zum rüden Kastellan hat sich das offenbar nicht durchgesprochen.

Sechs Jahre nach Kriegsende sind in der höllisch zugerichteten Domstadt trotz aller »Enttrümmerung« – bereits sieben Millionen Kubikmeter wurden weggeräumt – Unmengen von Schuttbergen vorhanden. Ruinen prägen das Stadtbild. Auch auf der Hohen Straße, später die Einkaufsmeile Kölns, gibt es viele Lücken. Zehntausende hausen in Notquartieren. Vom Hahnentor im Westen geht der Blick nahezu unverstellt über eine Wüstenei hinweg zu den beiden Türmen der gotischen Kathedrale. Keine der Rheinbrücken überstand den Krieg unbeschadet, siebzig Prozent des 1939 vorhandenen Wohnraums für eine Dreiviertelmillion Menschen wurden zerstört. Die Hohenzollernbrücke sprengten Pioniere der Waffen-SS noch am Tag des Einmarschs der Amerikaner, am 6. März 1945. Vom historischen Stadtkern haben die Bomben wenig stehen gelassen. »Als wir Köln wiedersahen, weinten wir«, schrieb der spätere Literaturnobelpreisträger Heinrich Böll über die Heimkehr in seine Vaterstadt.

Weinen würde Böll wohl auch über den damaligen Zustand der Mozartstraße, in der es ebenfalls viele Trümmergrundstücke gibt. Es ist die Zeit, in der findige Pänz mit Schrottsammeln ein kleines Vermögen erwerben können. Die Ruinen stecken noch voller Bleirohre, Kupferleitungen und Eisenträger, die sich gut verscherbeln lassen. Der Immi aus Bayern ist bei seinen Kumpels plötzlich hoch geschätzt, weil er mit dem reparierten Bollerwagen aufwarten kann, der sich für den Schrotttransport und das Durchstöbern des Trümmerbergs »Monte Klamott« am Aachener Weiher bestens eignet. Zu schaffen ist da schon mal ein Tagesverdienst von fünfzehn Mark. Mit Altpapier wäre das nicht zu machen.

Allerdings: Das offiziell strikt verbotene Herumturnen in den kaputten Häusern ist nicht ungefährlich. Beim Herauswuchten eines Eisenträgers verliert der Neu-Kölner das Gleichgewicht und stürzt rücklings drei Meter tief auf einen Ziegelsteinhaufen im darunterliegenden Kellerraum. Er atmet schwer, kann sich kaum bewegen, hat bestialische Schmerzen. Die Pänz schleppen ihn, wie Siegfrieds Jagdgehilfen den Leichnam des gemeuchelten Helden, zu seiner Wohnung, von der Mutter mit einem Aufschrei empfangen. Drei gebrochene Rippen kostet der Fehltritt, schlimmer ist es nicht. Der Bollerwagen wird zur Strafe in den Keller gesperrt.

Im Jahr 1950 kann die arg ramponierte Rhein-metropole ihr tausendneunhundertjähriges Stadt-jubiläum feiern. Davon ist im Geschichtsunterricht mit Stolz und Hingabe noch lange die Rede. Und Kölns Vergangenheit ist in der Tat bemerkenswert. Die eins-tige Siedlung des germanischen Stamms der Ubier, schon vor der Zeitenwende Militärgarnison der Rö-mer in einer unruhigen Grenzregion, erhält im Jahre 50 nach Christus römisches Stadtrecht in der Provinz Niedergermanien. Gründerin der Stadt ist die als Tochter des Feldherrn Germanicus geborene Kaiserin Agrippina, die in dritter Ehe mit ihrem Onkel Clau-dius verheiratet ist. »Colonia Claudia Ara Agrippinen-sium« (CCAA), also »Claudische Kolonie und Altar der Agrippinenser« heißt das spätere Köln nun. Es wird als Zitadelle der Zivilisation mit Dampfbädern und Kanalisation neben Trier zum bedeutendsten Han-delszentrum im Nordwesten des römischen Impe-riums und zur größten Stadt nördlich der Alpen auf-steigen. Die rundum mit einer zumindest acht Meter hohen Mauer und neunzehn Türmen befestigte Stadt hat im 2. Jahrhundert fünfzehntausend Einwohner.

Was die Lehrer lieber verschweigen, ist die Macht-gier der aus dem julisch-claudischen Geschlecht stam-menden Stadtmutter: Diese Agrippina, Schwester Caligulas und Mutter Neros, ist ein Ungeheuer, intri-gant und skrupellos. Sie vergiftet nach anderen Unta-ten den Gemahl, um ihrem einzigen Sohn zum Thron zu verhelfen, ehe sie am Ende dann von diesem eben-falls ermordet wird.

Der römische Vorposten am Rhein hält als Bollwerk zunächst allen Angriffen der Germanen stand. Unter Kaiser Konstantin wird im Jahre 310 sogar eine feste Brücke aus Holz und steinernen Strompfeilern errichtet, die zum Kastell Deutz auf der rechten Rheinseite führt. Konstantin erscheint selbst zur Einweihung. Als hundert Jahre darauf in den Zeiten der Völkerwanderung sich dann eine germanische Sturmflut über die Rheingrenze ergießt, wird Köln eine Beute der Franken und bleibt dies dreihundertfünfzig Jahre. Chlodwig, der erste zum Christentum übergetretene »Barbarenführer«, lässt sich in Köln zum Herrscher ausrufen.

Das frühmittelalterliche Köln wird von den Normannen zerstört, aber die zunehmend von Kaufleuten geprägte und von Erzbischöfen regierte Stadt in ihrem Kranz von zwölf romanischen Kirchen erholt sich schnell von dieser Heimsuchung. Mit wachsender wirtschaftlicher Bedeutung setzen im Hochmittelalter die Bürger ihre Selbstbestimmung gegen Kaiser und Kirche durch. 1164 gelangen die Reliquien der Heiligen Drei Könige als Geschenk aus den Kriegseroberungen des Kaisers Barbarossa nach Köln. Sie werden in einem goldenen Schrein aufbewahrt, der nunmehr hinter dem Hochaltar im Zentrum des Doms steht. Im Spätmittelalter wird das »hillige Coelln« zu Deutschlands bedeutendster Stadt, mit fünfzigtausend Einwohnern sowie vielen Kirchen und Klöstern. Nach der Reformation werden in der Hochburg des Erzkatholizismus Protestanten verbannt oder wegen

»Ketzerei« verbrannt. Im Sommer 1564 fegt die Pest die Reichsstadt mit über zwanzigtausend Todesopfern und unzähligen Flüchtenden nahezu leer.

Sonst ist aus dem Geschichtsunterricht nicht mehr sonderlich viel im Gedächtnis hängen geblieben. Die Fertigstellung des Doms natürlich im Jahr 1880, nach sechshundertjähriger Bauzeit und in Anwesenheit von Kaiser Wilhelm I. Die beiden Weltkriege sind mit der herausragenden Gestalt Konrad Adenauers verbunden. Er wird im Oktober 1917 als Kandidat der konservativen Zentrumspartei zum Oberbürgermeister seiner Heimatstadt gewählt und bleibt dies, bis ihn die Nazis 1933 aus dem Amt jagen. Adenauer sorgt mit seiner zukunftsorientierten Großstadt- und Industrialisierungspolitik dafür, dass sich die Ford-Werke in Köln ansiedeln; ein weiteres Prestigeprojekt ist die Mülheimer Kabelhängebrücke. Mit Mühe übersteht er die braunen Jahre und wird ein paar Kilometer stromaufwärts als Bundeskanzler der Bonner Republik dann zum Symbol der Nachkriegsära.

Es ist die Zeit des aufblühenden Wirtschaftswunders unter christdemokratischer Obhut. Als Galionsfigur dafür gilt Ludwig Erhard, der »Wohlstand für alle« verheißende Bundeswirtschaftsminister mit der Zigarre als Markenzeichen. Sein liberales Ordnungskonzept der Sozialen Marktwirtschaft sorgt zu Beginn der Fünfzigerjahre in Westdeutschland zunächst für Stabilisierung und dann für einen Aufschwung mit außergewöhnlichen Steigerungsraten des Bruttosozialprodukts und einem florierenden Außenhandel. Die Deutschen sind über den Berg, sie lassen es als Konsumenten krachen. Den Verlierern des Weltkriegs geht es vielfach besser als manchem der alliierten Sieger.

Auch die Familie der Königsbergerin und des Hannoveraners kann jetzt ihr Leben neu zusammensetzen, sich aus den Zwängen eines erbärmlichen Daseins befreien. Der Rundfunk zahlt seinem Tonmeister sechshundertsiebenundzwanzig Mark an Gehalt. Außerdem kommen noch beträchtliche Beträge aus musikalischen Tantiemen und Zahlungen für die Mitarbeit an Schallplattenaufnahmen hinzu. An Miete gehen hundertfünf Mark ab, wie die Königsbergerin in ihrem Haushaltsbuch notiert, das seit der Kriegsheirat jegliche Ausgabe akkurat festgehalten hat. Nur für die hektischen Fluchtmonate fehlen nähere Angaben. Dem Tonmeister, also immerhin dem Ernährer der Familie, werden gerade mal lächerliche vierzig Mark als »Taschengeld« zugewiesen. Die Schauspielerin beansprucht für sich zweihundertfünfzig Mark als »Wirtschaftsgeld«. Das ist, wie die Buchhaltung ausweist, schnell aufgezehrt: Ein Pfund Bohnenkaffee kostet zum Beispiel 9,50 DM, ein Staubsauger 41,50, fünf Zentner Kohle verschlingen 23,50 und fünf Zentner Kartoffeln zum Einkellern 42,50 Mark. Der »leeve Jung« muss sich mit zwei Mark Taschengeld und einer Mark für zwei Kinobesuche im Monat zufriedengeben. Gut, dass es eine Zeit lang noch etwas Zubrot aus dem Schrotthandel gibt.

Bei Geburtstagen oder auf dem Gabentisch zu Weihnachten schlägt sich das Wirtschaftswunder vergleichsweise verhalten nieder. Zum Geburtstag gibt es, beginnend mit *Winnetou I*, ein Buch von Karl May, Socken, einen Pullover und einmal teure Fußballschuhe. Weihnachten ist außer dem nächsten Karl May noch *Das Neue Universum* unter den Geschenken, ein »bunter Teller« mit allerlei Süßigkeiten, Nüssen, Datteln und zwei Apfelsinen, zudem Hemden und ein paar Klamotten. Früh glaubt der Vater seinem Sohn eine Riesenfreude zu bereiten, indem er auf einer Sperrholzplatte die komplette Anlage einer Modelleisenbahn montiert, mit Märklin-Loks, -Waggons und allem Zubehör, mit Bahnhöfen in einer Miniaturlandschaft aus Pappmaschee – fast ein Drittel seines Monatsgehalts bringt er dafür auf. Nur leider, der Sohn zeigt kein sonderlich großes Interesse für die unentwegt im Kreis herumkurvenden Züge, hat vielleicht auch das Gefühl, der alte Herr habe sich damit ein wenig selbst beschenkt. Bald spielt der enttäuschte Vater allein mit der Eisenbahn. Dann verschwindet die Sperrholzplatte mit allem Drum und Dran im Keller und ward nie mehr gesehen.

Größtes Vergnügen bereiten Anfang der Fünfziger die Kinobesuche, zwei Stunden Abkehr von der bisweilen tristen Alltagsrealität. Köln verfügt, statistisch gemessen nach der Einwohnerzahl, in seinen Filmtheatern über die meisten Sitzplätze aller deutschen Großstädte. Die Königsbergerin und der Hannoveraner sind häufige Kinogänger. Sie erleben den Protest-

Gelangweiltes Largo vor der Bescherung:
als Geigenspieler am Tannenbaum, Dezember 1952

sturm katholischer Eiferer, aufgerufen vom Kardinal Frings, als in den Schwerthof-Lichtspielen, laut Ankündigung »im ungewöhnlichsten Film des Jahres«, Hildegard Knef als die *Sünderin* ihre nackte Haut aufblitzen lässt. Gemeinsam besucht die Familie in der Scala die ersten Farbfilme: den zur Krönung von Elisabeth II. in Westminster Abbey 1953 und den prächtigen Monumentalstreifen *Das Gewand*, in Cinemascope mit Richard Burton und der elfenhaften Jean Simmons. Ansonsten bevorzugt der Junge derbe filmische Kost, dargeboten am Nachmittag im Kino des Millowitsch-Theaters, mit King Kong, Tarzan und allen möglichen Cowboyhelden. Oder er besucht das »Aki« am Bahnhof, wo man stundenlang sitzen bleiben und *Wochenschauen* gucken darf. Gelesen und mit Freunden getauscht wird unter den Comics *Prinz Eisenherz*, aber nicht *Donald Duck*, bei den Westernheftchen *Tom Prox*, aber keinesfalls *Billy Jenkins*. Da gelten strenge Vorlieben.

Am Sonntag gehört der Besuch des Kindergottesdienstes zur unwiderruflichen Pflicht. Die evangelische Antoniterkirche steht in der Schildergasse. In ihrem Seitenschiff hängt, als Mahnmal für die Opfer der Weltkriege und des NS-Regimes, Ernst Barlachs düstere Skulptur *Schwebender Engel*. Mit vor dem Bauch gekreuzten Armen und Gesichtszügen, die der Königsbergerin Käthe Kollwitz nachempfunden sind. Von dem »lieben Gott«, über den in den Predigten so viel geredet wird, kann sich der Junge keine rechte Vorstellung machen. Gerade nach dem Tod seines besten Freundes Klaus. Der wird von einer Trümmermauer erschlagen, die ein zurücksetzender Lastwagen versehentlich umgestoßen hat. Was, um Himmels willen, hat Klaus denn bloß verbrochen, was will Gott uns mit diesem Unfall sagen? Der dazu befragte Pfarrer wirkt in seinen gewundenen Erklärungen wenig überzeugend.

Der Tonmeister wünscht, sein Sohn müsse standesgemäß ein Instrument erlernen. Der ist dieser Idee durchaus zugetan, möchte dafür das Klavier oder die Gitarre wählen. Aber das wäre zu nahe an der verpönten »Negermusik«, als deren Vertreter Louis »Satchmo« Armstrong bei seinem Kölner Auftritt gefeiert wird. Deshalb soll und muss es die Geige sein. Für fünf Mark pro Wochenstunde erscheint der Lehrer Schlabers im Haus, der bei Anwesenheit des Tonmeisters gekonnt ein paar Suiten anspielt. Wenn indes der Vater nicht da ist und der ungeübte Schüler sich bei den Tönen vergreift, kriegt er von Schlabers eins mit dem Bogen auf die Finger. Das schmerzt und fördert nicht unbedingt die Liebe zu diesem Instrument. Gleichwohl wird der Junge das Geigenspiel passabel erlernen, zu Weihnachten vor der Bescherung Händels Largo herunternudeln und im Schulorchester – Vivaldi rauf, Corelli runter – bis zum Abitur mitwirken. Gleich danach packt er die Violine, letztlich ein aberwitziger Spätakt von Trotz, in den Geigenkasten und rührt diesen nie wieder an.

Trotz nach wie vor notwendiger Einschränkungen und Narben im Stadtbild herrscht Optimismus in der Domstadt. Für verschiedene Wirtschaftsbranchen wird Köln mit seinen Deutzer Ausstellungshallen bald wieder Europas führender Messeplatz, etwa für Hausrat oder mit der Photokina rund ums Bild. Bei der ersten Genussmittelausstellung nach dem Krieg, der ANUGA, präsentieren an neun Tagen im Oktober 1951 über tausendzweihundert Aussteller aus fünfundzwanzig Nationen ihre Produkte. Die feierfreudigen Kölner umjubeln einen Autokorso durch die Stadt und stürmen mit zweihundertfünfzigtausend Besuchern am letzten Tag das Messegelände.

Zuversichtlich gibt sich auch das zugezogene Künstlerehepaar. Anfang 1952, der Tonmeister nennt es im Tagebuch stolz den »Beginn einer neuen Ära«, werden Leichtmotorräder der Marke NSU Quick angeschafft, mit Tretkurbel und Soziussattel. Das Stück für zweihundertfünfzig Mark. Damit geht es im Sommer zum ersten Urlaub nach Kellenhusen an die Ostsee. Zwei Jahre darauf steht das erste Auto vor dem Haus. Es ist ein gebrauchter Volkswagen, Jahrgang 1950, erstanden für zweitausendzweihundert Mark, allerdings reparaturbedürftig ohne Ende. Immerhin schafft der flotte Käfer die Familie über die Landesgrenzen bis hinunter an die Adria. Nach der Rückfahrt über die Alpen wird mit dem Großglockner-Aufkleber demonstriert, wie weit man es schon gebracht hat.

Der Bollerwagen entgeht der Verbannung in den Keller, weil er plötzlich wieder benötigt wird. Die dunkle Funkwohnung mit Blick auf eine Ruine im Hinterhof treibt die Familie in Depressionen. Auf der

Stolz auf den ersten »Käfer«:
Mutter und Sohn mit VW, Sommer 1953

Suche nach »Sonne, Licht, Luft und Freiheit«, so eine Tagebuchnotiz des Tonmeisters, wird bei einem Spaziergang direkt am Rhein ein Garten gefunden und gepachtet. Der liegt auf der rechten Seite des Flusses an den Deutzer Wiesen, also auf der »schäl Sick«, wie die andere Rheinseite von den linksrheinisch verankerten Kölnern abschätzig genannt wird. Diese Herabsetzung geht psychologisch vermutlich auf das Bewusstsein zurück, schon vor zweitausend Jahren linksrheinisch auf der Höhe der römischen Zivilisation gestanden zu haben, während auf der rechten Seite des großen Stroms die unkultivierten Germanen noch als Barbaren dem einäugigen Gott Wotan huldigten. Aus dieser Denke dürfte sich wohl auch Konrad Adenauers schroffes Verdikt herleiten: »Hinter Deutz fängt Sibirien an.«

Die Neu-Kölner legen also nicht weit von Sibirien entfernt am Deutzer Rheinhang einen Obst- und Gemüsegarten an; auf einer sorgsam eingezäunten Parzelle, denn es wird noch immer viel geklaut. Der Bollerwagen erweist sich als unentbehrlich, weil der Tonmeister wegen des regelmäßigen Hochwassers keine Holzlaube haben will, sondern ein solides Gartenhaus aus Stein. Das mauert er sich selbst zusammen, Mutter und Sohn karren mit dem Handwagen Ziegelsteine herbei, von denen in nahen Trümmergrundstücken genügend herumliegen.

Der Garten wird zum häufig genutzten Freizeitparadies, das alle lieben. Von der Idylle lässt das Hochwasser im Januar 1955 indes wenig übrig. Bedrückt

Ein riskanter, ein prickelnder Spaß:
Baden im Rhein, 1954

registriert der Tonmeister in seinem Notat: »Unser Gartenhaus ist fast nicht mehr zu sehen. Unheimlich!«

Damals ist es noch möglich, im Rhein zu baden. Der etwa sieben Meter tiefe Fluss ist nicht so verdreckt wie in späteren Zeiten, als er Europas meistbefahrene Wasserstraße wird und Chemieunternehmen und andere Industriebetriebe gnadenlos ihre Abwässer in ihn entsorgen. Einige Wracks, mit Bojen markiert, erinnern daran, dass hier nach Kriegsende neben den Brückentrümmern ein Schiffsfriedhof zu beseitigen war. Der Junge und seine Kumpels wetteifern mit gewagten Schwimmmanövern. Sie springen von den Steinbuhnen ins Wasser und kraulen zu den rheinaufwärts tuckernden Lastkähnen, um sich an einem herabhängenden Tau oder Reifen bis zur Südbrücke mitschleppen zu lassen. Beim Abspringen und Zurücktreiben darf man aber dem Heck mit der Schiffsschraube nicht zu nahe kommen und muss sich vor tückischen Strömungen hüten. Das ist ein riskanter, ein prickelnder Spaß.

Kaum eine andere Stadt der Republik ist so selbstbezogen, geradezu narzisstisch in ihr Brauchtum verliebt wie Köln. Das gilt besonders für den Karneval. Unter dem Motto »Mer sin widder do« veranstalten die Jecken schon vier Jahre nach Kriegsende wieder einen mühsam zusammengestellten Rosenmontagszug, der durch eine Trümmerlandschaft trecken muss. 1952, als der zugewanderte Bayernbub erstmals den Straßenkarneval im »Fastelovend« mitmacht, sieht das schon ganz anders aus. Zwar gibt es immer noch viele Ruinen und Trümmer, an denen sich »d'r Zooch« vorbeiwindet, aber es werden schon tonnenweise »Kamelle«, Schokotäfelchen und Blumengebinde von den Festwagen in die dicht gedrängten Reihen der schunkelnden Zuschauer geworfen.

Jeder kostümiert sich mit einfachsten Mitteln, so gut er kann. Die Königsberger Schauspielerin versteht was vom professionellen Schminken. Sie putzt ihren Zehnjährigen zum Indianer heraus, mit Kriegsbemalung und zwei Habichtfedern im verknoteten Haar. Die Kumpels sind beeindruckt. Als Dank bringt der Junge zwei Fläschchen Kölnisch Wasser nach Hause, die vom Prinz Karneval selbst stammen. Denn »Seine Tollität« ist diesmal ein Erbe der Eau-de-Cologne-Fabrik, Johann Maria Wolfgang Farina. Der mit seinen vierundzwanzig Jahren jüngste Prinz Karneval, den Köln bis dato erlebt hat, posiert als Märchenprinz über dem Blumenmeer seines Prunkwagens und lässt hundertzwanzigtausend Fläschchen des begehrten Duftwassers unters Volk bringen.

In den Fünfzigern ist der Karneval noch ein echtes Volksfest in Köln, weit entfernt von dem kommerzialisierten Spektakel späterer Jahrzehnte, in denen er überwiegend zum Wirtschaftsfaktor wird mit einem Gesamtumsatz von vierhundertfünfzig Millionen Euro pro Jahr. »Damals war das noch reine Freude, irgendwie klar und sauber und von Grund auf fröhlich«, erinnert sich der Kulturkritiker Klaus Liebe. Und damals traf auch schon zu, was dann die Bläck Fööss in ihrem Stammbaum-Lied »Su simmer all he hinjekumme« gleichsam zum Bekenntnis für ein friedvolles Multikulti-Zusammenleben erhoben: Köln mag jeck, chaotisch und irre sein, ist aber gegenüber Zuwanderern und Gästen, gleich welcher Couleur, Religion oder Lebensart, mit Bürgern aus 180 verschiedenen Nationen gewiss Deutschlands toleranteste Großstadt.

Wer sind die Vorbilder, unsere Helden damals? Der Olympia-Bobsieger Anderl Ostler gehört dazu, der Erstbesteiger des Mount Everest, Edmund Hillary, und auch der argentinische Automobilrennfahrer und fünfmalige Weltmeister Juan Manuel Fangio. Sie alle aber werden an Zuneigung übertroffen durch »die Helden von Bern«, die deutschen Fußballweltmeister des Sommers 1954. Der Junge sieht das Endspiel auf dem Neumarkt bei einem Büdchen, um dessen Schwarz-Weiß-Fernseher sich bei strömendem Regen die Zuschauer drängen, zunächst wegen des Rückstands erschrocken, am Ende nach dem Sieg gegen Ungarn in einem Taumel von Glück. Die Älteren haben Tränen in den Augen. Erst später wird der Junge begreifen, welche Bedeutung dieser sportliche Erfolg für das nationale Selbstwertgefühl der Kriegsgeneration hat.

Zwei der Weltmeister gehören zum 1. FC Köln, einer weiteren Brauchtumsikone der Domstadt; der Neu-Kölner kickt in deren Jugendformationen herum. Umjubelt von den Pänz erscheinen Hans Schäfer, Linksaußen der WM-Elf, und Paul Mebus, Außenläufer im Gruppenspiel gegen die Ungarn, auf den

Vorplätzen des Müngersdorfer Stadions und zeigen ein paar Tricks. Und das ohne großen Starrummel. Fußballer sind in den Fünfzigern noch weitgehend geerdete Menschen, die als Profis offiziell nicht mehr als dreihundert Mark im Monat verdienen dürfen und bei Karriereende meist mit einem Toto-Annahme-Büdchen oder einer Tankstellenpacht versorgt werden.

Der Zwölfjährige, inzwischen auf dem Friedrich-Wilhelm-Gymnasium, macht in der Jugend des FC als rechter Läufer ein halbes Dutzend Spiele mit. Nicht allzu erfolgreich. Es mangelt wohl an Talent. Er selbst redet sich allerdings ein, als Oberschüler von den Kraaten unter seinen Mitspielern gemobbt worden zu sein. Wie auch immer: Er scheidet aus der Mannschaft aus und wirft das rot-weiße Trikot auf den Rasen. Doch seine Sympathie für den 1. FC Köln wird ein Leben lang anhalten. Dies auch zu Zeiten, in denen die einst erfolgreiche »Diva vom Rhein« mit ihren Kapriolen eines ständigen Abstiegs- und Aufstiegskampfes selbst den treuesten Fan vergrätzt.

Nach dem Scheitern seiner fußballerischen Laufbahn versucht sich der Junge im darstellerischen Bereich. Er nimmt teil an Kindersendungen im Rundfunk, bei einem Werbefilm für den neuen Taunus 12 M, als Wichtelkönig im Weihnachtsmärchen der Kammerspiele und als einer der »verlorenen Jungs« an der Seite der zierlichen Luitgard Im in *Peter Pan*.

Höhepunkt des mimischen Intermezzos ist das Engagement als Clarence' Sohn in Shakespeares Königsdrama *Richard III.* mit dem genialen Kaspar

Brüninghaus in der Titelrolle. Die Städtischen Bühnen gastieren noch in der Aula der Universität. »Großmutter, sagt uns, ist der Vater tot?«, fragt Clarence' Sohn in der zweiten Szene die Herzogin von York, Mutter des buckligen Bösewichts. »Nein, Kind«, antwortet die, und das ist eine Lüge. In den Auftrittspausen und auf Tournee spielt der kleine Prinz mit einem anderen Darsteller des Öfteren das Kartenspiel »17 und 4«. Der geborene Chemnitzer Michael Degen, damals gerade mal zehn Jahre älter, erzählte nie, dass er den Krieg als verfolgter Jude nur mit Glück in einer Berliner Gartenkolonie überlebt hatte. Vermutlich stromerten ihm im Ensemble noch zu viele Ex-Nazis herum. Dem Lateinlehrer übrigens hat seinerzeit der Auftritt seines Schülers gut gefallen, das sagte er jedenfalls. Ein Bonus für die Lateinnote im Zeugnis erwuchs daraus jedoch nicht.

Mitte 1955 gehen die schönen Tage am Rhein abrupt zu Ende. Die Mutter ist in Tennessee Williams' Drama *Endstation Sehnsucht* engagiert. Sie wird für ihren Partner René Deltgen, berühmt aus Abenteuerfilmen und als Detektiv Paul Temple, auf der Bühne immer schwerer zu tragen, denn sie ist schwanger. Mit dem Familienzuwachs wird dann die Stadtflucht ins nahe Bergische Land begründet. Die Tochter soll in sauberer Luft und im Grünen aufwachsen, möglichst bald in einem eigenen Heim mit Garten. Dort könnte auch der Bollerwagen wieder zur Geltung kommen. Der Junge wird zu alldem nicht weiter gefragt. Für ihn bedeutet der Wohnwechsel den aber-

Auf der Suche nach sauberer Luft:
Familienausflug ins Bergische, Frühling 1955

maligen Abbruch aller sozialen Beziehungen. Auch Köln war also nur eine weitere Fluchtetappe.

»Et kütt wie et kütt«, pflegen die Kölner nach Artikel 2 des »Rheinischen Grundgesetzes« fatalistisch zu sagen. Die Abwanderung ins Bergische beendet ohne Zweifel zumindest eine aussichtsreiche Schauspielerkarriere. Sie bringt indes die Flüchtlinge dann endlich zur Ruhe.

Im Bergischen und anderswo

Das ganze Dorf ist auf den Beinen und in freudigem Aufruhr. Hunderte haben sich an der Bushaltestelle vor dem Hotel zur Post in Dabringhausen eingefunden, um die Ankunft des letzten Kriegsheimkehrers zu feiern. Die Gemeinde hat sich festlich herausgeputzt, mit Girlanden und bunten Lampions. Im Fackelschein der Feuerwehrleute erreicht am späten Montagabend des 10. Oktober 1955 eine Wagenkolonne den Sprengel im Bergischen Land, die Kirchenglocken läuten. Mit dem Posaunenchor singen die Anwesenden das Lied »Nun danket alle Gott«.

Bewegt entsteigt der Bäckermeister Willi Weber einem der blumengeschmückten Fahrzeuge. Er trägt zur gemusterten Strickjacke eine verwaschene braune Hose. An seiner Seite die Tochter Christel, die ihn im Durchgangslager Friedland abgeholt hat. Hinter Willi Weber liegen zehn Jahre sowjetischer Kriegsgefangenschaft.

»Die Männer hinter Stacheldraht nahmen das schwerste Opfer auf sich, stellvertretend für das ganze Volk«, sagt der Mann vom Heimkehrerverband in seinem Willkommensgruß. Und der evangelische Pastor, ein militanter Verkünder von Gottes Wort, sieht die große Erfüllung aller Gebete gekommen nach dem Bibelwort: »Das Warten der Gerechten wird Freude werden«. Die Kirchenglocken läuten noch immer. Der scheue Willi Weber ist von dem »triumphalen Einzug in die Heimatgemeinde«, so anderntags das Ortsblatt *Bergische Morgenpost*, überwältigt und möchte am liebsten »alle umarmen«. Er dankt für diese Aufnahme und bittet: »Nun aber entlasst mich, denn meine Mutter wartet.« Die siebenundsiebzig Jahre alte Dame ist im Haus der Bäckerei geblieben.

Willi Weber verdankt, wie insgesamt zehntausend deutsche Spätheimkehrer, seine Freiheit dem Verhandlungsgeschick Konrad Adenauers. Der Bundeskanzler hatte im September bei den Gesprächen mit der sowjetischen Partei- und Regierungsführung die Aufnahme diplomatischer Beziehungen von Moskaus Zusage abhängig gemacht, die letzten Kriegsgefangenen zu entlassen.

Für den ins Bergische verschlagenen Wahl-Kölner ist die bewegende Heimkehrerszene im Dorfzentrum der Einstieg in eine neue, sehr engmaschige Gemeinschaft und zugleich ein Anlass zum Rückblick. Da schäumt sie wieder hoch, die Erinnerung an den Krieg, an Flucht und Not. Die Eltern ersparen sich bewusst die Teilnahme an der nächtlichen Feier, sie wollen vom bitteren Nachgeschmack des Krieges nichts mehr wissen. Willi Weber ist ein Wrack, die Jahre der Zwangsarbeit haben ihm schwer zugesetzt. Er wird noch lange auf der Bank vor seinem Brotladen sitzen

Befreit durch Adenauers Verhandlungsgeschick:
deutsche Spätheimkehrer aus Russland, Oktober 1955

und stumm vor sich hin dämmern, als Symbol für eine verlorene Zeit.

Die Familie ist wenige Wochen zuvor ins Bergische gezogen, nicht weit vom Altenberger Dom. Sie hat sich zunächst zur Miete einquartiert auf dem Hof eines robusten Werkzeugdrehers, den seine kommunistische Gesinnung unter dem braunen Regime mehrere Jahre »Schutzhaft« in einem KZ kostete. Aber auch in Adenauers schwarzer Republik gilt der knorrige Proletarier als Außenseiter. Er wird zwar nicht mehr verfolgt, doch seine Kommunistische Partei ist verboten. Immerhin bleibt ihm die Genugtuung, seinen Intimfeind von der anderen Seite der Landstraße, der ihn einst denunzierte, bei Kriegsende überlebt zu haben. Als die Amerikaner von Köln aus ins Bergische vorstießen, ging der Parteigenosse auf den ersten Panzer mit einer Flinte los und starb für seinen Führer den Heldentod.

Der Komponist und Cheftonmeister beim Kölner Rundfunk will sich endlich den Traum verwirklichen, den er im Traunsteiner Elend seinem Tagebuch anvertraute: ein eigenes Haus mit großem Garten. Das Geld dafür erwirbt er in einem lukrativen Nebenberuf: Er gehört dem kleinen Stab des Schlagerkönigs Kurt Feltz an, einem Minikollektiv aus Tonmeister, Techniker und Arrangeur, das mit Nachtschichten im Kölner Messestudio Aufnahmen für die führende Schallplattenfirma Polydor produziert. Es ist die Zeit, in der die Schlagermusik mit der Sehnsucht nach dem Süden und dessen Lebensgefühl einen Boom erlebt, gleichsam parallel zur Reisesucht der neuen Wohlstandsdeutschen. Jährlich werden dreißig Millionen Platten gepresst, der clevere Feltz sorgt für die meisten Hits.

Ob »Rote Rosen, rote Lippen, roter Wein« von René Carol, ob Vico Torriani, Bully Buhlan oder Gerhard Wendland mit ihren Schnulzen, der grau melierte Rheines-Sänger Willy Schneider mit dem Gassenhauer »Man müsste noch mal zwanzig sein«, vor allem aber Peter Alexander (»Ich weiß, was dir fehlt«) und die grandiose Caterina Valente mit »Ganz Paris träumt von der Liebe« – sie alle heuern an bei Polydor. Und das mit enormem Erfolg. Der besondere Sound dieser Produktionen – hauptverantwortlich dafür sind der smarte Arrangeur Heinz Gietz und der Hannoveraner Tonmeister – wird von den Experten gerühmt, von der Konkurrenz beneidet. Dieser »perfektionierten Art des Klangprodukts« und Westdeutschlands führendem Schlagerproducer widmet der *Spiegel* Ende 1955 gar eine Titelgeschichte. Sie zeigt auf einem Foto den Tonmeister neben Kurt Feltz. Viele der Künstler lassen sich dann zu Besuch im Bergischen sehen. Der Sohn hält es musikalisch zwar lieber mit Elvis Presley, ist aber wie die Nachbarschaft beeindruckt von den prominenten Bekanntschaften des Vaters und deren Erscheinen im eigenen Haus, das zu Weihnachten 1957 fertiggestellt ist.

Der Bollerwagen hat dort im umliegenden Garten gut zu tun. Berge von Erde müssen abgetragen, Mulden damit aufgefüllt und planiert werden. Laub und

TON-WAREN VOM FLIESSBAND
Schlager-Produzent Kurt Feltz (siehe „Musik")

»Perfektionierte Art des Klangprodukts«:
Schlagerkönig Kurt Feltz, »Spiegel«-Titel im November 1955

Unkraut aus dem neu angelegten Gemüsegärtchen schafft er zum Komposthaufen, Scheite aus zersägten Obstbäumen zu einem Holzstapel, den der Tonmeister kunstvoll wie einen Turm aufbaut. Der Bollerwagen bewältigt das alles ohne Murren, ohne Bruch. Das Gemüsegärtchen freilich hält nicht lange durch. Weil die Preise für Tomaten oder Erdbeeren wegen der Einfuhren aus Südeuropa drastisch sinken, gibt die Schauspielerin ihre kultivierende Tätigkeit bald resignierend auf mit dem Satz: »Europa hat meinen Garten kaputt gemacht« – ein Opfer auf dem Altar der zusammenrückenden Wirtschaftsgemeinschaft.

Das Bergische Land, östlich der Kölner Bucht, verdankt seinen Namen nicht der beschaulichen Hügellandschaft mit ihren Fachwerkhäusern, sondern dem Geschlecht der Grafen von Berg. In der einsamen Bergwaldregion zwischen Wupper und Dhünn hatten sich zunächst sächsische Siedler aus dem Norden niedergelassen. Der Ort Dabringhausen (»Dagebretheshusen«) soll im Mittelalter neben Paderborn zu den bedeutenden Gerichtsstandorten rechts des Nordrheins gezählt haben. Die sechsunddreißig »Scheffen« trafen sich unter den Linden, um Recht zu sprechen. Auf dem Wiener Kongress 1815 wird das Großherzogtum Berg dann Preußen zugeschlagen. Im 20. Jahrhundert sind wirtschaftlich insbesondere Betriebe der Metallverarbeitung und der Textilindustrie von Belang. Dabringhausen hat eine Teppichweberei, ein Unternehmen zur Fertigung von Möbelrollen sowie eine Werkzeug- und Ledertaschenfabrik. Mitte der Fünfzigerjahre sind die knapp dreitausendzweihundert Einwohner der Gemeinde, die später zum Amtsbereich der Stadt Wermelskirchen gehören wird, politisch pechschwarz bei der CDU angesiedelt. Daneben behauptet sich mit kräftigen braunen Einsprengseln eine starke FDP. Von beiden Parteien wird der Tonmeister umworben. Aber der will sich, verprellt durch die Nachkriegsbuße für seine NS-Zeit, auf politische Bindungen nie mehr einlassen. Die Braunen von gestern, die sich nunmehr als glühende Demokraten aufspielen, kotzen ihn an.

Es gibt viele Pietisten und Freikirchler im Bergischen. In Dabringhausen überwiegen die evangelisch-lutherischen Protestanten, von ihrem Pastor straff geführt wie ein Militärunternehmen. Im Konfirmationsunterricht redet der Kirchenmann unentwegt von Keuschheit und Sittsamkeit. Peinlich dann allerdings, dass er seine Gemeinde fluchtartig verlassen muss, weil er auf dem Schreibtisch seines prächtigen Pfarrhauses in flagranti mit der Haushälterin erwischt wurde.

Der Weg zum Neusprachlichen Gymnasium in Wermelskirchen, zu Fuß und mit dem Bus, ist weit und zeitraubend, bei Schneefall zudem recht ungemütlich. Jeden Schultag sind es fast drei Stunden, bei Geigenunterricht und Orchesterproben einiges mehr. An jedem Werktag fährt auch ein Sonderbus voll mit Lehrlingen nach Leverkusen hinunter, zur Ausbildung bei den Bayer-Werken. Das ist ein begehrter Job und eine Empfehlung für andere Arbeitgeber, wenn es

Pechschwarz mit braunen Einsprengseln:
Wermelskirchen im Bergischen Land

nicht zu einer Festanstellung kommt. Gut vier Jahrzehnte danach, als die Wirtschaftskrise auch das Bergische Land schwer beutelt, wird dieses Angebot des Chemieriesen nicht mehr existieren.

An der Oberschule in Wermelskirchen machen etliche Lehrer kein Hehl aus ihrer NS-Vergangenheit. Einige waren schon im »Dritten Reich« als Studienräte tätig. Etwa der kleinwüchsige und temperamentvolle Dr. Erich Borchers, einst Leiter der damaligen Horst-Wessel-Schule. In seinem Entnazifizierungsverfahren präsentierte er sich als »roter Akademiker« und konnte genügend Leumundszeugnisse vorlegen. Klar, dass im Geschichtsunterricht des ehemaligen Gauredners die Widerstandsbewegungen gegen das NS-Regime oder die Attentäter des 20. Juli 1944 nie zur Sprache kamen. Und schon gar nicht Dachau oder Auschwitz. Selbst in Gegenwart des aus Düsseldorf angereisten Oberschulrats stellt Borchers unbeirrt seinen Schülern die Frage: »Was hat Hitler Gutes gemacht?« Um sich eine Fleißnote zu verdienen, empfiehlt sich als Antwort: »Er hat die Autobahnen gebaut und Arbeitsplätze geschaffen.« Dem Dr. Borchers gefällt dies, auch der Oberschulrat nickt anerkennend. Wohlgemerkt: Das ist eine Szene aus dem Schulalltag Ende der Fünfzigerjahre. Die Verbrechen der NS-Zeit werden verdrängt, Fragen nach Schuld und Verstrickung Einzelner gemeinhin nicht gestellt. Gleichwohl wird dem Altnazi, weil er nun mal ein pfundiger Klassenlehrer ist, bei seinem Tod in der Schülerzeitung *Pennoptikum* ein flammender Nachruf gewidmet – von dem Schreiber dieser Zeilen, der wegen solcher Indoktrinierung, kein Wunder, damals eine Phase leichten politischen Rechtsdralls durchläuft.

Nun, Ende der Fünfziger, werden alle möglichen Soldatenromane geschmökert. Darunter immerhin auch *Die verratene Armee* des Stalingradkämpfers Heinrich Gerlach, der in Kriegsgefangenschaft zum sowjetgesteuerten Nationalkomitee Freies Deutschland fand. Natürlich steht Hitlers *Mein Kampf*, Hochzeitsgeschenk des NS-Staates für die Eltern und auf deren Hochzeitsfoto zu erahnen, auf dem Leseplan, der Inhalt des Pamphlets beeindruckt indes wenig. Da imponiert der »Seeteufel« Felix Graf Luckner schon wesentlich mehr bei seinem Erscheinen im Bergischen. Der einstige Kaperfahrer der Kaiserlichen Marine kampiert im Wohnwagen auf dem Schulhof und berichtet in einem Vortrag über seine fantastischen Heldentaten mit dem Segelschiff *Seeadler* in der Südsee. Ein Kerl zum Anpacken, eine strahlende Erscheinung ist dieser Mittsiebziger, der nach wie vor kraftvoll mit seiner Paradenummer aufwarten kann: dem Zerreißen eines dicken Telefonbuches. Damals ist noch nicht bekannt, dass der Graf sich wegen pädophiler Neigungen vor einem »Sonderehrengericht« der Nazis verantworten musste.

Irgendwer schenkt das Buch *Kleine Liebe zu Amerika* von Manfred Hausmann. Der feuilletonistische Reiseroman des jungen Mannes, der durch die »neue Welt« schlendert, löst Begeisterung aus. Es entwickelt sich eine tiefe Sehnsucht nach diesem fernen Land mit seinem ungezwungenen Lebensstil. Dort möchte man hin, doch die Bewerbung für ein Stipendium im Schüleraustausch des American Field Service scheitert. Und die heimliche Liebe für Amerika wird während der Sechzigerjahre wegen des Krieges in Vietnam umschlagen in heftige Aversion.

Standard seinerzeit auf dem Weg zum Abitur ist die obligatorische Klassenreise nach Westberlin, in die Frontstadt gegen den Sowjetkommunismus. Die Besucher aus der Provinz interessieren sich allerdings viel mehr für den abendlichen Aufenthalt im Old Eden Saloon am Ku'damm, einer Art wildem Vorläufer der Diskotheken. Der Schöpfer solchen Nachtclubvergnügens, Rolf Eden, wird viele Jahrzehnte später ein guter Bekannter des ergrauten Königsbergers in dessen Stammkneipe Habel am Roseneck sein, einer Hochburg des Tratsches: bedenklich zusammengerutscht zwar, doch nach wie vor im weißen Anzug mit dem Anspruch, Deutschlands letzter Playboy zu sein und über dreitausend Frauen beglückt zu haben, mit Vorliebe Blondinen. Selbst als Mittachtziger kokettiert der geborene Tempelhofer mit dem israelischen Pass, einen Obstler nippend, weiterhin mit dem Wunsch, beim Sex mit einer Frau zu sterben, die dafür als Belohnung dreihundertfünfzigtausend Euro kassieren sollte.

Apropos Sex: Der Fünfzehnjährige wird auf diesem Gebiet wachgeküsst von einer prallen Brünetten im Holland-Urlaub. Das ist genügend Aufklärung, ent-

sprechende pflichtschuldige Anläufe des Vaters werden spöttisch abgewiesen. Den Rest besorgen Bor-
dellbesuche in Kölns Brinkgasse, angeleitet von
einem älteren Klassenkameraden, der nach zweima-
ligem Sitzenbleiben endlich das Abitur schaffen wird
und auf dem Weg zur Einschreibung an der Uni Bonn
tödlich verunglückt. Es sind Zeiten verdruckster Prü-
derie und amouröser Wagnisse. Die Pille ist noch
nicht in Gebrauch. Mancher Heranwachsender fürch-
tet, in der »Venusfalle« zu landen, also »einen anzu-
setzen«, wie es im damaligen Jargon heißt. Die Eltern
lassen dem Jungen jegliche Freiheit, nur einmal warnt
die Mutter: »Pass auf, auf wen du dich einlässt, das
kann dein ganzes Leben versauen.« Aber sie überlässt
ihm ihre Lambretta, mit ihr tourt der Achtzehnjährige
nach frisch erworbenem Führerschein in den großen
Ferien allein durch Südfrankreich und Oberitalien.
Ein Abenteuer ohne Folgen.

Sein politisches Erweckungserlebnis, das ihn auf
Linkskurs steuert, verdankt der Abiturient Gustav
Heinemann. Der zur Sozialdemokratie übergewech-
selte Politiker, der aus Protest gegen Adenauers Auf-
rüstungsstreben 1950 vom Amt des Bundesinnenmi-
nisters zurückgetreten war, hält einen Vortrag im
Hotel zur Eich. Da spricht ein aufrecht wirkender
Mann, dessen politisches Handeln aus Gewissens-
gründen Achtung abnötigt. Es ist die Verbindung von
Bürgermut und sozialer Verantwortung, die beeindruckt und die später auch Heinemanns Zeit als Bun-
despräsident kennzeichnen wird.

Der Abiturient gerät also in sozialdemokratisches Fahrwasser. Und als Student in Marburg, nach dem Zwischenspiel bei einer nichtschlagenden Verbindung, zieht es ihn beim Studium der Sozialwissenschaften noch weiter nach links in die Gefilde des Sozialistischen Deutschen Studentenbundes. Prominentester Ziehvater des SDS – dessen Mitglieder und Sympathisanten von der SPD mit dem törichten »Unvereinbarkeitsbeschluss« ausgeschlossen werden, woraufhin er zum Sammelbecken der sich rasch radikalisierenden »neuen Linken« avanciert – ist der Politikwissenschaftler Wolfgang Abendroth. Der gebürtige Elberfelder war als junger Kommunist im »Dritten Reich« wegen »Hochverrats« zu vier Jahren Zuchthaus verurteilt worden und hatte den Krieg in der Strafdivision 999 überstanden. Anfang der Sechzigerjahre, auf dem Höhepunkt seiner Lehrtätigkeit als Politologe, ist Abendroth der einzige undogmatische Marxist auf einem der Lehrstühle in Adenauers muffiger Republik. Jürgen Habermas, der sich bei ihm habilitiert, nennt ihn treffend »einen Partisanenprofessor im Lande der Mitläufer«.

Forschungsschwerpunkt von Abendroths Institut sind Themen aus der Arbeiterbewegung und des Widerstands gegen den Nationalsozialismus. Zu den kleineren Gruppen und Organisationen, die zwischen SPD und KPD oft auf hohem intellektuellen Niveau agierten und in der Opposition gegen Hitler aufgerieben wurden, zählten auch die rätekommunistischen Roten Kämpfer. Der Königsberger legt Abendroth dar-

»Partisanenprofessor im Lande der Mitläufer«:
Politikwissenschaftler Wolfgang Abendroth in Marburg

über eine Einzelstudie als Dissertation vor. Beinahe wäre es dazu indes gar nicht gekommen, denn die Arbeit ist längst nicht fertig geschrieben, als er die Stelle in der politischen Redaktion einer sozialdemokratischen Regionalzeitung in Essen antritt. Er will das Werk aufgeben, auf den akademischen Titel verzichten wie viele Studienabbrecher damals, die sich dann im Journalismus wiederfinden. »Das kommt gar nicht infrage«, protestiert gegen diese Absicht vehement der Studentenführer Rudi Dutschke, mit dem er sich wegen verwandter Dissertationsthemen des Öfteren ausgetauscht und befreundet hat. Dutschkes mit hohem Tremolo vorgetragener Einwand lautet: »Wir machen doch den Doktor nur, um die Bürgerlichen und die Polizei zu beeindrucken!« Also wird der Doktor gemacht. Der charismatische Kopf der Studentenrebellion gegen Notstandsgesetze und Amerikas Vietnamkrieg stirbt früh an den Spätfolgen des Attentats vom April 1968. Der Findling an seinem Grab auf dem St.-Annen-Kirchhof in Berlin-Dahlem trägt die Inschrift: »Dr. phil. Rudi Dutschke«.

Die Linksdrift des Juniors führt daheim im Bergischen des Öfteren zu erbitterten Auseinandersetzungen. Über aktuelle politische Fragen, mehr aber noch über die braune Vergangenheit. Wie viele seiner gleichaltrigen Zeitgenossen erspart der Student den Eltern nicht die Fragen: Was habt ihr damals gemacht? Wusstet ihr nichts von Konzentrationslagern und Judenvernichtung? Die Antwort des Tonmeisters, aber auch der als junge Schauspielerin schon antisemitisch grundierten Mutter, ist entweder ein hilflos anmutendes Schweigen oder zorniges Geplänkel. Jedenfalls gibt es keine Bereitschaft zu einer echten Vergangenheitsoffenlegung und Bewältigung. Beide setzen, weder geläutert noch selbstkritisch, auf die Gnade des Vergessens bei den Nachgeborenen. Wohl allzu selbstgerecht plustert sich der Sohn mit Vorwürfen zum Ankläger auf. Viel später wird er sich eingestehen müssen, selbst nicht sagen zu können, wie er die NS-Zeit verbracht hätte – beim Widerstand, als opportunistischer Mitläufer wie der Vater, oder womöglich als überzeugter Mittäter bei den Totenkopfverbänden der SS?

Als der frisch promovierte Doktor der Philosophie im Mai 1968 aus Marburg ins Bergische kommt, nimmt die heimische Feier einen merkwürdigen Verlauf. Die Eltern, bürgerlich, wie sie nun mal sind, müssten eigentlich froh darüber sein, dass der Sohn einen akademischen Abschluss von durchaus präsentabler Art geschafft hat. Es wird deswegen viel Bier und Kognak getrunken. Zu viel, auf einmal wird es dramatisch. Der Disput um die NS-Zeit lodert wieder auf. Irgendwann rutscht dem alten Herrn, der nun wirklich keiner Fliege etwas zuleide tun könnte, der böse Satz heraus: »Schade, dass sie deinen Professor nicht vergast haben.«

Der Sohn droht, dem Vater an die Gurgel zu gehen, da simuliert die Schauspielerin zur Ablenkung einen Ohnmachtsanfall. Was zur abrupten Abkühlung der erhitzten Gemüter beiträgt. Der Lärm im Haus ist

derart heftig, dass auch der im Keller stehende Bollerwagen davon etwas mitbekommen haben muss. Am
nächsten Morgen verlässt der Abendroth-Schüler das
Haus und wird sich dort viele Jahre nicht mehr blicken lassen.

Als Frankfurter Korrespondent für ein liberales Münchner Blatt, das sich bei seiner Einstellung
vom Namen des Doktorvaters nicht schrecken lässt,
lernt der Königsberger das gesamte Panoptikum der
Außerparlamentarischen Opposition kennen, gewis-
sermaßen tutti quanti, beruflich und oft auch privat.
Darunter Leitfiguren der antiautoritären Protest-
bewegung wie »APO-General« Günter Amendt, den
bärtigen Bullerkopf Bernd Rabehl, den Frankfurter SDS-Jakobiner Hans-Jürgen Krahl, Dutschkes
theoretischen Gegenspieler auf der Berliner Hoch-
schulbühne Wolfgang Lefèvre, die Gebrüder Karl
Dietrich und Frank Wolff als SDS-Chefs und Trieb-
federn der Rebellion sowie den roten Sponti Daniel
Cohn-Bendit.

Bevor die Revolte in rauschhafter Steigerung zur
Randale verkommt und zu einem blinden, inhaltslo-
sen Aktionismus, der schließlich zum Terrorismus der
Roten Armee Fraktion führt, lohnt sich auch das
Gespräch mit der Publizistin Ulrike Meinhof, mit Fritz
Teufels Kommunarden oder Alt-SDSlern wie Christian
Semler und Joscha Schmierer, die dann auf einen mao-
istischen Seitenpfad abirren. Der Korrespondent ver-
bringt Stunden mit dem Philosophen Ernst Bloch in
dessen Tübinger Heim; er streitet, bei viel zu viel Bier,

mit Herbert Marcuse über dessen umstrittene Thesen zur »repressiven Toleranz«. Der »Dr.« von Abendroth ist als Zugang überall kein schlechtes Ticket.

Ein beklemmendes Erlebnis ist der letzte Auftritt von Theodor W. Adorno, der soziologischen Leitfigur der Frankfurter Schule. Deren Institut wird Anfang 1969 von den Studenten besetzt. Rädelsführer der Aktion ist ausgerechnet Adornos begabtester Doktorand Hans-Jürgen Krahl. Der rhetorisch brillante SDS-Chefideologe muss sich Mitte Juli vor dem Amtsgericht wegen fortgesetzten Hausfriedensbruchs verantworten. Er ruft seinen Doktorvater in den Zeugenstand und sucht ihn in ein Streitgespräch zu verwickeln über Formen des »revolutionären Kampfs« und eine »Phänomenologie der Okkupation«. Aber der psychisch sichtlich angeschlagene Hochschullehrer weicht aus, setzt sich zur Wehr gegen falsche »aktionistische Schlüsse« aus seinen Lehren. Nach der Aussage stützt Adorno sich erschöpft auf eine Assistentin und verlässt eilends das Gerichtsgebäude. Knapp drei Wochen danach stirbt er an einem Herzinfarkt. Krahl, für Dutschke »der Klügste von uns allen«, kommt im Winter bei einem Autounfall auf Glatteis im Alter von siebenundzwanzig Jahren ums Leben. Bald darauf löst der SDS sich formell auf.

Dann schlagen in ersten Aktionen die »Stadtguerilleros« der Roten Armee Fraktion zu. Auch hier gibt es alte Kontakte, ja Freundschaften, die nun zerbrechen. Für manchen Journalisten sind dies keine einfachen Zeiten. Plötzlich steht einer der polizeilich

Gesuchten vor der Tür und sucht Quartier für ein paar Tage. Kann man diese Bitte ablehnen? Der Kollege einer deutschen Nachrichtenagentur verliert seinen Job, weil er ein RAF-Mitglied für kurze Zeit aufnimmt. Im Redaktionsbüro an der Frankfurter Taubenstraße taucht Astrid Proll auf, Randfigur der ersten RAF-Generation. Sie trägt eine dunkelblonde Perücke und sagt: »Willst du das Tonband von der Ulrike haben?« Das Zeugnis der untergetauchten RAF-Gründerin würde man schon gerne zur journalistischen Verwertung an Land ziehen, doch die Forderung ist absurd: »Das kostet dreißigtausend Mark.« Die bald danach verhaftete »Rosi«, so ihr interner Spitzname, verschwindet mit dem Rat, es lieber bei den besser betuchten Hamburger Magazinen zu versuchen.

Es bleibt nicht der einzige Kontakt zu den Untergrundkämpfern. Bei der nicht allzu weit von der eigenen Wohnung entfernten Garage in einem vornehmen Frankfurter Wohnviertel, die als Bombenwerkstatt diente, werden am Fronleichnamstag 1972 nach einem wilden Schusswechsel die RAF-Terroristen Andreas Baader, Jan-Carl Raspe und Holger Meins gefasst. Kurze Zeit später, auf einer Kundgebung beim Angela-Davis-Solidaritätskongress, distanzieren sich Tausende aus der zersplitterten westdeutschen Linken vom unpolitischen »Bombenaktionismus« der RAF und deren pathologischer Illegalitätsromantik. Der Journalist riskiert dann fast sein Renommee, weil er sich mit Baaders Mutter Anneliese trifft, nach ihrem Besuch im Gefängnislazarett. Der Bericht gibt Wertungen weiter, die nicht in das seinerzeitige Meinungsraster passen. Das missfällt einigen in der Redaktion.

Der Korrespondent ist froh und empfindet es fast wie eine Flucht, dass er die fiebernde Mainmetropole verlassen und auf den Posten nach Belgrad in Titos Jugoslawien wechseln kann. Dort holt ihn die deutsche Vergangenheit gleich mehrfach ein. Gerade auf dem Balkan hatte Hitlers Soldateska während des Krieges mit Massenerschießungen erbarmungslos gewütet, ohne den Widerstand von Titos kommunistischen Partisanen zerschlagen zu können. Als bei einem Gefecht unweit der Stadt Kragujevac im Oktober 1941 zehn deutsche Landser getötet und sechsundzwanzig verletzt werden, kommt es zu einer »Sühneaktion« der Wehrmacht: In Gruppenerschießungen von hundert bis sechshundert Mann sterben zweitausenddreihundert Bürger von Kragujevac.

Kragujevac ist der wunde Punkt im deutsch-jugoslawischen Verhältnis, in dem es noch um Wiedergutmachung und Aussöhnung geht. Doch es sind in Kragujevac keine Ressentiments mehr zu spüren gegen den ehemaligen Feind, statt Hass erwartet den Reporter im Februar 1973 ein freundliches Willkommen. »Endlich der erste Besucher aus Westdeutschland«, lautet die freudige Begrüßung ausgerechnet in jenem Gymnasium, aus dem die annähernd dreihundert Schüler der Abschlussklassen mit achtzehn Lehrern von der Unterrichtsstunde weg geschlossen zur

Hinrichtung geführt wurden. Auch der Bürgermeister setzt Vertrauen in ein neues Deutschland und sagt mit Blick auf den bevorstehenden ersten Staatsbesuch des Bundeskanzlers: »Wir wissen, dass Willy Brandt nach Jugoslawien kommt, wir würden ihn gerne auch in Kragujevac empfangen.«

Mit diesem Satz endet die Reportage, die der Korrespondent nach München schickt, aber das liberale Blatt will sie nicht drucken. Das Auswärtige Amt hat über alte Kameradschaftsbande interveniert, angeblich um einen zweiten Kniefall Brandts nach Warschau zu verhindern. Der Korrespondent ist empört, wirft sich in den nächsten Flieger nach München, stellt die zuständigen Ressortleiter und Chefredakteure zur Rede, will notfalls kündigen. Die Oberen, darunter einige gewandelte Altnazis, kneifen, sie wollen keinen Eklat. Der Artikel wird gedruckt. Der außenpolitische Senior des Blattes, auch aus Königsberg stammend, von einer assimilierten jüdischen Familie, zieht den Korrespondenten zur Seite und raunt ihm zu: »Wissen Sie eigentlich, wo zwei der Kollegen hier den Krieg verbrachten?« Nein, das weiß er nicht. »Bei den Ustascha-Faschisten in Zagreb, in der deutschen Propagandaabteilung.« Willy Brandt wird dann bei seinem Osterbesuch auf Brioni am Rande des Treffens mit Josip Broz Tito die Frage nach Kragujevac so beantworten: »Das wurde mir nicht vorgeschlagen, ich hätte nichts gegen einen Besuch dort gehabt.«

Und der Bollerwagen? Der ist derweil im Bergischen längst ausrangiert worden, er wird als Arbeits-

Mit Massenerschießungen erbarmungslos gewütet:
Hinrichtung serbischer Geiseln durch die Wehrmacht, Pančevo 1941

kraft nicht mehr gebraucht. Es gibt einen Rasen-
mäher, eine leichte Schubkarre schafft Laub und
Abfälle zum Komposthaufen; ein Gartenbetreuer
schaut regelmäßig vorbei, dem ist der alte Leiter-
wagen zu unhandlich. Also wird der Bollerwagen in
den vorläufigen Ruhestand geschickt. Er verschwindet im Heizungskeller als bald von Spinnweben um-
wobene Reliquie.

Kaliningrad

Der Bollerwagen ist im folgenden Kapitel nur in Gedanken mit dabei. Bei drei der Beteiligten aus eigener Erinnerung indes sehr intensiv. Und beim vierten führt seine Erwähnung zu einer erfolgreichen Schatzsuche.

Der Sohn, längst ein Mann mit ergrauenden Schläfen, schafft es, die Eltern im Tross anderer Heimwehtouristen ins frühere Königsberg zu bringen. Kaliningrad heißt jetzt die Stadt, benannt nach dem Vasallen Stalins, Michail Iwanowitsch Kalinin, seit Kriegsende gehört sie mit dem nördlichen Ostpreußen zu Russland. Gerade erst hat die Exklave die bleierne Finsternis ihrer Zwangsabgeschiedenheit als militärische Sperrzone überstanden, nun aber plagen Selbstzweifel und Zukunftsängste Moskaus isolierten Vorposten an der Ostsee.

Der Hannoveraner und die Königsbergerin haben lange gezögert, sich ihr eigenes Museum kaputt zu machen durch die Konfrontation mit der tristen Realität einer Stadt, die einst ihr Zuhause war und die heute kaum wiederzuerkennen ist. Keine größere deutsche Stadt ist durch Krieg und Nachkriegszeit dermaßen zerstört worden wie Königsberg, fand die Publizistin Marion Gräfin Dönhoff, die ganz in der Nähe auf Schloss Friedrichstein aufwuchs. Und keine sei so »in ihrer Geschichtlichkeit getroffen« worden.

Ergriffen stehen die beiden im früheren Vorort Metgethen, der nun nach einem sowjetischen Panzer-soldaten Alexander-Kosmodemjanski-Siedlung heißt, vor einem schmutzig gelben Häuschen. Dessen Fassade unter roten Dachziegeln sah offenbar seit fünfzig Jahren keinen Neuanstrich mehr. Eine Dolmetscherin bahnt den Weg ins Innere, wo sich der Seemann Mischa in der oberen Etage eingerichtet hat. Verkatert und wortkarg, aber durchaus freundlich lässt er die aufgetauchten Besucher durch die drei Zimmer seiner Wohnung gehen, an deren Zuschnitt und Standard sich gegenüber früher wenig geändert hat. Neu dazugekommen ist bloß die Holzvertäfelung der Schrägwände.

»Da sind ja noch meine alten grünen Kacheln«, stellt die Königsbergerin im kleinen Badezimmer fest, das violettfarbene neue Klo passt indes nicht so recht dazu. »Wie winzig das alles doch damals war«, registriert der Hannoveraner mit feinem, selbstkritischem Spott.

Vom Gemüsegarten ist eine Brache mit einem einzigen Pflaumenbaum übrig geblieben. Die Besucher sind betroffen. Mischa entschuldigt diesen erbärmlichen Zustand mit seiner häufigen Abwesenheit als Fischer in Trawlern auf hoher See. »Na, dann buddeln Sie mal bei der Gartenpumpe, wo früher immer unser

»Da sind ja noch meine alten grünen Kacheln«:
die Eltern vor ihrem Haus im früheren Metgethen, Sommer 1991

Bollerwagen stand«, rät zum Abschied die Königsbergerin, »dort haben wir das Silber vergraben.«

Die Nostalgietouristen bewegen sich, wie es der Historiker Karl Schlögel beschrieb, »in einer von Gewalt markierten Topographie«. Vom alten Königsberg ist beim Gang durch die Stadt nur noch wenig zu erkennen: die Ruine des Doms auf der ehemaligen Kneiphof-Insel mit dem unversehrten Kant-Denkmal, nicht weit davon im Renaissancestil die alte Börse, nunmehr Palast der Seeleute; die roten Backsteintore mit Bernsteinmuseum und Dohnaturm am Oberteich; beim Nordbahnhof einige Behördengebäude, die wie die meisten Zwingburgen des Staates militärische Katastrophen zu überstehen pflegen, weil sie einfach solider gebaut sind: Schulen, Kasernen, Befestigungsanlagen, Gefängnisse, Finanzamt. Als widerwärtigstes Monster sozialistischer Stadterneuerung dräut im Zentrum mit dem Haus der Räte ein Betonkoloss, errichtet auf dem Gelände des Ordensschlosses, dessen Ruine auf Geheiß Leonid Breschnews Ende der Sechzigerjahre als »Symbol des Preußentums, des Faschismus und Revanchismus« weggesprengt wurde.

Wiederaufgebaut im alten Stil und nunmehr Kunsthistorisches Museum ist am Schlossteich die frühere Stadthalle, sehr zur Freude des Komponisten, der hier im Krieg erste Konzerterfolge erleben durfte. Beschwingt, wenn auch bisweilen ein wenig verwirrt, pest der Zweiundachtzigjährige durch die Straßen und findet sogar sein einstiges Funkhaus am Hansaring. Dort begehrt er Einlass mit dem Satz: »Ich will nur schnell im Keller meine Noten holen.« Da er dies auf Deutsch sagt, versteht ihn niemand, außerdem ist aus seiner Radiostation inzwischen ein Institut für Ozeanografie geworden. Verlegen weist der Pförtner dem seltsamen Mann die Tür.

Die Königsbergerin sitzt am Springbrunnen beim Schiller-Denkmal und erzählt, dass sie hier, gleich gegenüber dem Schauspielhaus, als junge Naive in der Mittagspause ihre Rollen lernte. Im Mittelschiff des Doms, der mit deutschen Spendengeldern orthodox umgeschminkt wird, kauert sie im Staub neben einer Säule, taxiert die Entfernung zum Altar und flüstert: »Etwa hier muss ich gesessen haben bei meiner Konfirmation.« Und dann hat sie noch ein Erlebnis der besonderen Art: Natürlich steht auch ihre einstige Königin-Luise-Schule noch, Schulen überleben immer. Als sie das Gebäude betritt, wird sie von den russischen Lehrern und Schülern mit spontaner Herzlichkeit empfangen und umarmt. Sie ist gerührt, das konnte sie nicht erwarten.

Ein Ausflug zur Kurischen Nehrung, sogar mit einem kurzen Bad, weckt die Erinnerung an ungetrübte Sommerurlaube von einst. Über die nach wie vor grandiose Dünenlandschaft hatte schon der preußische Gelehrte Wilhelm von Humboldt geschwärmt, man müsse sie wie Spanien und Italien gesehen haben, soll »einem nicht ein wunderbares Bild in der Seele fehlen«.

Ein Schock dagegen der Besuch des düsteren »Bunker-Museums« am vormaligen Paradeplatz, des

Russlands isolierter Vorposten an der Ostsee:
Hafen von Kaliningrad mit wiederaufgebautem Dom

letzten Befehlsstands des Königsberger Festungskom-
mandanten Otto Lasch. Nach drei Tagen sinnlosen
Kampfes, der Zehntausende Soldaten und Zivilisten
das Leben kostete, unterschrieb der übrig gebliebene
General am 9. April 1945 hier die Kapitulations-
urkunde. Die einundzwanzig unterirdischen Räume
entlang eines dreißig Meter langen Gangs sind im
Originalzustand erhalten, mit Schreibtischen, leder-
gepolsterten Stühlen, Tischlampen und Telefonen.
Außerdem zeigen Gemälde und Modelle die bren-
nende Stadt beim Einmarsch der Russen. An der Kasse
werden als Souvenirs ohne Scheu preußische Wimpel
und Nazidevotionalien angeboten. »Was hatten wir
ein Glück, dass wir das nicht miterleben mussten«,
sagt die Schauspielerin und denkt an das Los ihrer
Eltern. Nach vorsichtigen Schätzungen kamen nach
Kriegsende in den ersten Jahren der sowjetischen
Besatzung etwa hunderttausend Deutsche um. Sie
starben als Opfer von Gewalt, an Hunger, Typhus oder
Ruhr. Der Rest, rund vierundzwanzigtausend, wird bis
1948 aus dem nördlichen Ostpreußen nach Deutschland abgeschoben.

Der Sohn hat die besondere Verwaltungseinheit
»Gebiet Kaliningrad«, die zur Russischen Sowjet-
republik gehört, schon mehrmals besucht. Zunächst
illegal, als der Norden Ostpreußens noch militäri-
sches Sperrgebiet ist und für ausländische Touristen
sakritij gorod, eine verbotene Stadt. Der heimliche
Trip dorthin, als Reporter für sein Münchner Blatt
Ende September 1987, ist insofern ein wenig riskanter,

weil die Russen sich noch immer höllisch darüber erregen, dass vier Monate zuvor der Hamburger Privatpilot Mathias Rust mit der Landung seiner Cessna am Roten Platz in Moskau ein dreistes Abenteurerstück vorführte. Von deutschen Provokationen haben sie erst mal genug.

Mit ein wenig Chuzpe und Glück lässt sich aber auch die mit Atomraketen bestückte Region Kaliningrad schon besichtigen, selbst Sowjetbürger dürfen das nur mit Sondererlaubnis. Man geht in der sowjetlitauischen Stadt Wilna einfach zum Bahnhof, sucht sich einen von fünf Zügen heraus und verlangt dann am Fahrkartenschalter höflich *odin biljet do Kaliningrada, poschaluista* (»Ein Ticket nach Kaliningrad, bitte«). Kein Verbotsschild schreckt, niemand fragt nach Pass oder Visum. Acht Rubel kostet der Schlafwagenplatz. Um 0.46 Uhr braust der Charkow-Express los, sechs Stunden später erreicht er an einem klammen Herbstmorgen Bahnsteig 3 in Kaliningrad.

Was tut ein Mensch, der nach dreiundvierzig Jahren urplötzlich in seiner Geburtsstadt steht, dort aber ein Fremder ist, zudem für die Behörden nicht gerade ein willkommener Besucher? Er bemüht sich, zunächst einmal nicht aufzufallen, sich vorsichtig zu orientieren. Beides ist nicht einfach.

Wohin gehen, wo ist eigentlich das Zentrum? Das Erinnerungsvermögen des Gealterten, der als Zweieinhalbjähriger im Oktober 1944 von diesem Bahnhof nebst Bollerwagen zur Flucht in den Sudetengau mitgeschleppt wurde, ist offensichtlich begrenzt. Alles, was er über diese Stadt weiß, ist angelesen, durch wiederholte Erzählungen künstlich ins Bewusstsein eingepflanzt. Wie es in der verbotenen Stadt heute aussieht, wusste niemand genau zu sagen. Es gibt nicht einmal einen offiziellen Stadtplan.

Aber der Coup gelingt. Neun Stunden spaziert der Eindringling durch dieses Kaliningrad, gelegentlich von einem Polizisten argwöhnisch beäugt, doch nicht gestoppt. Achtspurig wie eine Rollbahn, dem Lauf der einstigen Vorstädtischen Langgasse und dann des Steindamms folgend, durchschneidet der Lenin-Prospekt als Nord-Süd-Magistrale die neue Stadt. An seinen Flanken vier- und fünfstöckige Wohnblocks, hellgelb und in gesichtslosem Einheitsstil – endlos.

Der Geist der neuen Gorbatschow-Zeit, die Perestrojka, der etwa Moskaus Stadtbild kaum noch mit revolutionärer Prosa verunziert, ist in den Sowjetmief der Agitprop-Verantwortlichen hier noch nicht vorgedrungen. »Heil den Leninschen Pionieren« oder »Partei und Volk sind eins« – Kaliningrad ist mit Postern, Transparenten und Plakaten vollgestopft wie eine Zitadelle der kommunistischen Orthodoxie. In der behaupten sich Rudimente der preußischen Vergangenheit, welche die Apokalypse wundersam überstanden: etwa die Stadthalle und das Krankenhaus am Schlossteich, die beiden Bahnhöfe und der Zoo, Schiller-Denkmal und kämpfende Wisente vor dem Landgerichtsgebäude, unter den fünf neugotischen Stadttoren des alten Festungsgürtels das Roßgärter sogar mit den Porträts von Scharnhorst und Gneisenau im Torbogen.

Als Kriegsdenkmal erhalten werden soll offenbar auch die dachlose Domruine auf der vom Pregel umschlossenen früheren Kneiphof-Insel. An die Nordostecke des Backsteinbaus aus dem 14. Jahrhundert schmiegt sich das Grabmal Kants unter rotbraunen Porphyrsäulen. Gleich neben diesem Monument, halb überdeckt von Holunderbüschen, zeigt eine in die Domwand eingelassene Grabplatte aus honigfarbenem Marmor eine alte deutsche Inschrift: »Alhier lieget begraben die wohlgeborene Fraw Ursula geborene von Grunberg«. Nur wenige Meter davon entfernt ein Gedenkstein für den Prediger Julius Rupp mit einem Zitat ebenfalls in deutscher Sprache: »Wer nach der Wahrheit, die er bekennt, nicht lebt, ist der gefährlichste Feind der Wahrheit selbst«. Das dazugehörige Reliefbildnis des Pastors und Gründers der Freien Evangelischen Gemeinde schuf dessen Enkelin Käthe Kollwitz, die Königsberger Malerin und Bildhauerin.

Moderne Plastiken, Büsten von Dichtern und Revolutionären sind in dem ausgedehnten Parkgelände aufgestellt, das die Domruine umgibt. Da wird auch der tausendzweihundert Sowjetsoldaten gedacht, die beim »Sturm auf Kenigsberg« fielen, und ein stolzer Besitzanspruch angemeldet: »Aus Trümmern haben wir sie erhoben, die neue russische Stadt, unser Kaliningrad«.

Beklemmend der Blick ins Umland während der drei Stunden Zugfahrt zurück zur litauischen Grenze: Verlassene Einzelgehöfte, Gestrüpp, verwilderte Gärten, selten mal eine Kolchose, verstepptes und versumpftes Brachland fliegen vorbei. In der Ferne Alleen, auf denen sich nichts bewegt, eine stille, leere Landschaft. Sonderlich viel haben die russischen Neuansiedler aus einem Gebiet, das einst die Kornkammer des Deutschen Reichs gewesen war, nicht gemacht. Es wurde »verstümmelt bis unter die Grasnarbe«, schrieb der ostpreußische Schriftsteller Arno Surminski.

Ein Vierteljahrhundert danach: Unzählige Male hat der Königsberger unterdessen seinen Geburtsort besucht, hat stundenlang mit Bürgermeistern und Gouverneuren über die Zukunftschancen der »Sonderwirtschaftszone« debattiert, die jetzt eine von den EU- und NATO-Mitgliedern Polen und Litauen umklammerte Exklave am Bernsteinmeer ist. Eine russische Insel mit knapp einer Million Einwohnern weit von Russland entfernt. Über tausend Kilometer von der Kommandozentrale Moskau, aber bloß fünfhundertdreißig Kilometer von Berlin, dem Ziel heimlicher Sehnsüchte der Jungen, die nach Westen, nach Europa streben.

Dorthin wollen auch die meisten jener Russlanddeutschen, die nach der Implosion des Sowjetimperiums aus den neuen Staaten Mittelasiens vertrieben werden. Gut zwanzigtausend davon zieht es zunächst in das versteppte Land zwischen Pregel und Memel, viele suchen sich als Arbeiter in heruntergekommenen Staatsgütern durchzuschlagen. Etwa beim früheren Gestüt Trakehnen in der Rinder-Sowchose Jasnaja Poljana (Helle Lichtung). Die Zuwanderer dort gera-

Wiederaufbau im gesichtslosen Einheitsstil:
Lenin-Prospekt im Zentrum Kaliningrads

ten in die Fänge deutschnationaler Wirrköpfe und Neonazis aus der Bundesrepublik. Die Rechtsaktivisten wollen »für unsere Ostprovinz eine deutsche Perspektive offenhalten« und träumen von einer »Regermanisierung« der russischen Exklave.

Die neuen Ostlandritter finanzieren auf diesem Brückenkopf »deutschen Bluts« den Bau von Siedlungen, den Betrieb deutscher Schulen, sie schaffen Traktoren, Lastwagen und Baumaterialien heran. Das sorgt für Unruhe. Wütend ziehen Altkommunisten und Kriegsveteranen gegen die »schleichende Germanisierung« zu Felde. In der Exklave geht das Gerücht um, bald werde Moskau nach der DDR den Westdeutschen auch das frühere Königsberg als seine ungeliebte Beute verscherbeln. Von siebzig Milliarden Mark ist da schon mal die Rede. »Alles Quatsch«, versichert dazu Michail Gorbatschow zornig in einem Gespräch, »bei den Verhandlungen mit Helmut Kohl wurde Kaliningrad nie erwähnt.« Mit einer Visasperre bereitet die Gebietsverwaltung dem braunen Spuk aus dem Westen ein Ende.

Gleichwohl: Auch mehr als zwei Jahrzehnte nach dem Ende der Sowjetunion ist Russlands westlichste, immens korrupte Stadt auf der Suche nach sich selbst; sie kommt wirtschaftlich nicht auf die Beine, leidet unter ihrer Lage wie kaum ein zweiter Ort im Imperium des Wladimir Putin. Einmal wird sie zum »Hongkong an der Ostsee« erhoben, dann wieder zu »Russlands Fenster nach Europa«. Des Öfteren sagt Moskau seinem Außenposten mehr Eigenständigkeit zu, kassiert solche Versprechen aber regelmäßig. Es fehlt an Investitionen, an Planungssicherheit und zündenden Ideen, die diesem Ostseesprengel in seiner exponierten Lage endlich zu Normalität und gewissem Wohlstand verhelfen könnten. In die Rufe nach mehr Autonomie mischt sich sozialer Aufruhr gegen die fortdauernde Gängelung durch die Moskauer Zentralgewalt.

Viele Russen sind entschiedene Trinker, so jedenfalls lernt der gebürtige Königsberger sie in Kaliningrad kennen. Da hilft die alkoholische Grundausbildung der Marburger Studentenverbindung. Sind bei Gelagen mit Gouverneuren oder Bürgermeistern Trinksprüche erwünscht, was regelmäßig geschieht, dann erlaubt er sich den Spaß, aufzustehen und zu fragen: »Gibt es hier jemanden, der vor 1942 in dieser Stadt geboren wurde?« Natürlich gibt es keinen, und die Kaliningrader nehmen mit einer Spur von Betroffenheit zur Kenntnis, dass ein alter Königsberger auf das Wohl und die europäische Zukunft ihrer Stadt das Glas erhebt.

Zu den Gelagen kommt es, weil ein besonderer Auftrag für häufige Besuche sorgt. Das Hamburger Nachrichtenmagazin, bei dem der Königsberger nunmehr beschäftigt ist, hat mit Stefan Aust einen umtriebigen Chefredakteur, zu dessen Nebenberufen die Schatzsuche gehört. Er will das legendäre Bernsteinzimmer der russischen Zaren aus dem Katharinenpalast bei St. Petersburg finden, das als deutsche Kriegsbeute 1945 zuletzt im Schloss von Königsberg

Vergebliche Suche nach dem »achten Weltwunder«:
das legendäre Bernsteinzimmer der russischen Zaren, 1943

gesehen wurde. Zum Verbleib des »achten Welt-wunders« gibt es Dutzende Hinweise und Spuren. Das Hamburger Magazin startet auf der Suche nach dem kostbaren Wunderwerk seine eigene »Operation Puschkin« und lässt das nördliche Ostpreußen durch-wühlen: von der Burg Lochstädt bei Pillau über Kata-komben und Kasematten in Kaliningrad, die Brauerei im Stadtteil Ponarth, die bis auf ihre mittelalterlichen Grundmauern ausgegrabenen Schlossfundamente bis hinüber zu Bunkern in der von Bohrungen perforier-ten Rominter Heide. Die Suche verschlingt Unsum-men, gefunden wird nichts.

Notabene: Der alte Königsberger hat da seine eigene Theorie über das wahre Versteck des Jahrtau-sendschatzes. Ihm berichtet ein Ostpreuße, der an-geblich dabei war, wie auf Befehl des Gauleiters Koch in den letzten Kriegswochen die Kisten mit den Paneelen des Bernsteinzimmers im Garten seiner Residenz in Metgethens Wellerscher Mühle von ukrainischen Zwangsarbeitern vergraben wurden. Die Ukrainer habe die SS anschließend bei einer Kiesgrube erschossen. Nur leider lässt sich der mut-maßliche Fund nicht bergen. Kochs vormaliger Gar-ten ist inzwischen eine Schrebergartenkolonie, re-signierend winkt der KGB-Begleiter ab: »Da können auch wir nichts machen.«

Bis heute werden in Kaliningrad Debatten geführt über eine Änderung seines Namens. Die Jüngeren, die keine Berührungsängste mehr mit der deutschen Stadtgeschichte haben, plädieren für »Kenigsperga«.

Auch von den Marxisten geschätzter Aufklärer:
Denkmal Kants an Königsbergs Paradeplatz, 1886

Auch der Name »Kantgrad« taucht auf, denn das Werk des Aufklärers wurde schon von den marxistischen Gründervätern geschätzt. So erhielt inzwischen die Universität den Namen des berühmten Philosophen. Vor ihrem Gebäude steht dessen Bronzefigur, mit Spazierstock und Dreispitz, auf einem Granitsockel. Die erhobene Rechte weist zur Alma Mater wie zur Einladung, sich mit seinem Werk zu beschäftigen. Den Nachguss der Originalstatue des Bildhauers Christian Daniel Rauch brachte Gräfin Dönhoff als Geschenk in die Stadt.

Unterdessen denken auch Politiker des Moskauer Establishments mitunter laut darüber nach, wie man die immer lästiger werdende, weil auf den Geldbeutel drückende Exklave loswerden könnte – ohne sie aus dem Staatsverband zu entlassen. Ein Testballon ist zum Beispiel der Vorschlag von Putins Bevollmächtigtem in Russlands Nordwestregion, Ilja Klebanow: Kaliningrad müsse den Status eines russischen »Auslandsterritoriums« erhalten, vergleichbar etwa französischen Überseeterritorien wie Neukaledonien. Das würde dem Gebiet den Weg nach Westen öffnen, die Anpassung an europäisches Recht und möglicherweise sogar den Eintritt in die Eurozone ermöglichen. Aber das Moskauer Außenministerium torpediert Klebanows Vorstoß schnell als »nicht verfassungskonform«.

Die Feiern zum siebenhundertfünfzigjährigen Bestehen der Stadt am Pregel im Frühsommer 2005 sehen Putin mit Bundeskanzler Gerhard Schröder und dem französischen Präsidenten Jacques Chirac. Es ist eine Veranstaltung mit viel Tamtam, hübschen Gesten und Fanfaren vor dem alten Königstor, dem Wahrzeichen der Stadt, an dessen restaurierter Front die drei deutschen Herrscherfiguren Ottokar II., Friedrich I. und Herzog Albrecht prangen. Doch auch dieser Festakt verschafft den Einwohnern der Exklave im Gezerre um ihre Zukunft keine neue Hoffnung darauf, einmal zur Drehscheibe zwischen Ost und West zu werden. Ein kleingeistiger Visadisput zwischen Moskau und Brüssel verdirbt sämtliche Öffnungschancen und die Aussicht auf einen Sonderstatus innerhalb der Europäischen Union.

Der Kreml torpediert derzeit alle Versuche, eigene Wege zu gehen, und schafft immer mehr Symbole, um seinen Besitzanspruch zu betonen. Mit Moskauer Staatsgeldern entstand im Stadtzentrum die Christ-Erlöser-Kathedrale mit ihren fünf vergoldeten Kuppeln als erste neuerbaute orthodoxe Kirche. Bei der Einfahrt in den Hafen Baltijsk, dem früheren Pillau, grüßt als monumentale Bronzestatue nunmehr die Zarin Elisabeth, Tochter Peter des Großen und Gegenspielerin des Preußenkönigs Friedrich II. Ein Hinweis darauf, dass Ostpreußen während des Siebenjährigen Krieges (1756 – 1763) unter russische Hoheit geriet. Die Königsberger wussten sich mit der neuen Herrschaft unter dem Doppeladler bestens zu arrangieren. Stadtväter und Beamte leisteten der Zarin den Treueeid, als »allerunterthänigster Knecht in tiefster Devotion« auch Immanuel Kant. Dem Alten Fritz hat das alles nicht sonderlich gefallen, zur Strafe besuchte er Königsberg nie wieder.

Die Zukunft des Kaliningrader Gebiets, so mutmaßen Autoren einer EU-Studie wohl zu Recht, erfordere die Abwendung von der klassischen Realpolitik nationaler Souveränität hin zu einem »post-souveränen Weg«. Der wäre der Stadt am Pregel zu wünschen. Aber all dies muss langsam wachsen, man darf es nicht erzwingen wollen.

Die Königsbergerin und der Hannoveraner kehren von ihrem Heimwehtrip ohne Groll, ohne das Gefühl des Verlusts, ohne verwundete Seelen zurück. Es wird keinen weiteren Besuch mehr geben. Sie haben innerlich mit dem Kapitel Königsberg abgeschlossen. Nicht diese russische Stadt, sondern das Bergische Land ist für sie Heimat.

Übrigens: Der Seemann Mischa muss das im Garten von Metgethen vergrabene Familiensilber geborgen und zu seinem Fortkommen genutzt haben. Als der Sohn ein Jahr nach dem Besuch der Eltern wieder vorbeischaut, stehen auf dem vergammelten Hof zwei gelbe Baufahrzeuge.

Ibiza

In der Oase der Ruhe ist die Hölle los, Flammen und Rauch sind bedrohlich auf dem Vormarsch. Am Rande des Naturschutzgebiets im Westen der Baleareninsel Ibiza, gleich neben der Cala Bassa, ist ein Feuer ausgebrochen. Kein Wunder nach Monaten der Hitze und Dürre, die das ungesäuberte Dickicht im Pinienwald austrockneten, sodass schon eine Glasscherbe Ursache des Brandes sein könnte. Oder eine achtlos weggeworfene Zigarettenkippe. Von der See her weht eine leichte Brise. Das ist nicht schön, es kann fatal werden für das halbe Dutzend Häuser am Hügel oberhalb der Bucht.

Die Feuerwehr ist mit drei Löschzügen rasch angerückt. Außerdem nimmt ein gelbes Propellerflugzeug im Tiefflug aus dem Meer Wasser auf und entleert die Tanks dann über der Brandstelle. Ein Manöver, das sich ständig wiederholt. Gleichwohl sind der Königsberger und seine schwedische Frau höchst besorgt, denn der Brand lodert keine vierhundert Meter von ihrer kleinen Finca entfernt. Frischt die Brise zu einem stärkeren Wind auf, ist den Häusern am Hang kaum mehr zu helfen. Die Brandbekämpfer sind unermüdlich im Einsatz, doch die Flammenwand kriecht weiter den Hügel hinauf.

»Packen Sie das Nötigste zusammen und stellen Sie sich auf eine schnelle Räumung ein«, warnt ein Polizist von der Guardia Civil. Papiere und Dokumente sowie Kleidungsstücke werden in Koffer geworfen und im Geländewagen verstaut. Und dann steht da im Garten noch eine Familienreliquie, die ein schmähliches Ende im Flammentod nicht verdient hat: Der Bollerwagen, treuer Begleiter seit fast siebzig Jahren, wird in aller Eile auseinandergenommen und ebenfalls in den Jeep verfrachtet. Man mag sich nicht ausmalen, was passiert, sollten die Flammen den riesigen Gastank im oberen Garten erreichen.

Dann kommt Wind auf. Erfreulicherweise aus nordöstlicher Richtung gegen den Flammenvorhang, der sich heranschiebt. Den Einsatzkräften gelingt es, den Brand unter Kontrolle zu bringen. Zweihundert Meter Luftlinie vor der Finca. Die Löscharbeiten dauern noch die ganze Nacht und den darauf folgenden Tag. Zurück bleiben drei trostlose Fußballfelder schwarzer Baumstümpfe und verkohlter Erde. Es wird Jahre dauern, bis dort junge Pinien nachwachsen.

Auf seine späten Tage hat sich der Königsberger, nachdem er beruflich »alle denkbaren Stahlbäder zwischen Hamburg und Kabul überlebte«, wie ein Freund es in dem bekannten Münchner Blatt zutreffend beschrieb, jeweils für einige Monate im Jahr auf eine der schönsten Sonneninseln im westlichen Mit-

telmeer zurückgezogen. Diese Wahl wird er nie be-
reuen, zumal er fest auf die angebliche Zukunftsvision
des Astrologen und Untergangspropheten Nostrada-
mus vertraut: Demnach wird Ibiza die »letzte Zuflucht
der Menschheit vor dem großen Feuer sein«.

Feuer, nicht nur Waldbrände, gab es auf diesem
Eiland zur Genüge in den zweieinhalbtausend Jahren
der Heimsuchungen durch fremde Eindringlinge.
Nach Phöniziern und Karthagern kamen die Römer.
Es folgten Vandalen, Byzantiner und arabische Mau-
ren. Die wurden bei der spanisch-christlichen Rück-
eroberung der Insel im Jahr 1235 sämtlich nieder-
gemetzelt, da brannten viele Feuer. Zu den Eroberern
der Neuzeit zählten zuletzt Europas Hippies, Disco-
und Drogensüchtige, Schwule, Steuerflüchtlinge und
Bankrotteure, Paradiesvögel und Nachtschwärmer
sowie Millionen Touristen, die zur saisonalen Ver-
prollung führen, vor allem wenn die tätowierten
Horden aus England, Deutschland oder Holland an-
rücken. Außerdem finden sich in einem betont kos-
mopolitischen Umfeld unter den über hunderttausend Einwohnern gut siebzehntausend ausländische
Residenten, darunter viele Deutsche.

Die Insel mit dem magischen Felsen Es Vedra und
einer pittoresken Altstadt, die zum Weltkulturerbe
gehört, lebte früher vergleichsweise ärmlich von
Fischfang, Salzgewinnung und Landwirtschaft. Genau
dies machte ihren Charme aus, »seitab des Welt-
verkehrs und auch der Zivilisation«, wie Walter Benjamin die »weiße Insel« schon im Sommer 1932

entdeckte, fasziniert von der Landschaft und ihren Bewohnern. Hier konnte der jüdische Kulturkritiker, der in einer persönlichen und wirtschaftlichen Krise steckte, von »siebzig oder achtzig Mark im Monat« leben. Und da der in Deutschland Verfemte es für »ein Gebot der Vernunft fand, die Eröffnungsfeierlichkeiten des Dritten Reichs durch Abwesenheit zu ehren«, verbrachte er auch den Sommer 1933 auf Ibiza, bereitwillig auf jede Art von Komfort verzichtend – »elektrisches Licht und Butter, Schnäpse und fließendes Wasser, Flirt und Zeitungslektüre«.

Das Fehlen der Schnäpse ist womöglich nicht so gut gewesen. Er erkrankte an Malaria und musste zur Behandlung nach Paris. Benjamin beging dann im September 1940 nach der Flucht über die Pyrenäen im spanischen Grenzort Portbou Selbstmord mit Morphiumtabletten, als ihm die Auslieferung an das besetzte Frankreich und damit an die Gestapo angedroht worden war. Der katalanische Dichter Vicente Valero hat in seinem Buch *Der Erzähler* Aufenthalt und schriftstellerisches Wirken des Philosophen auf Ibiza feinfühlig beschrieben.

Von arkadischer Einsamkeit und Idylle kann dort schon lange keine Rede mehr sein. Heute bereichern sich die dominierenden acht Familienclans, kreuz und quer miteinander verwandt, am Massentourismus. Von den zwei Millionen Besuchern jährlich kommen die meisten im Sommer, um auf der Party-Insel zu feiern. Über vierzigtausend tanzwütige Raver tummeln sich jede Nacht in einem der sieben großen Disco-

Clubs, aufgeputscht nicht selten mit Drogen wie Kokain, Crack und Ecstasy, neuerdings auch mit Crystal Meth oder der aggressiven Designerdroge Canibal, die zu Beißattacken führen kann. Ibiza ist das Drogentestfeld der Dealer. Die Zahl der Todesopfer steigt jedes Jahr. Auch bei den verrückten jungen Engländern, die im Rausch glauben, fliegen zu können, und von den Hotelbalkons in den Swimmingpool springen wollen. Nicht wenige landen schwer verletzt auf den Kacheln davor, das »balconing« ist der ultimative Kick.

Die Weiterungen des kollektiven Drogenkonsums erreichen selbst die abseits gelegene Finca im Naturschutzgebiet. Eines Morgens, es ist nicht einmal sechs Uhr, sind die Jammerrufe eines Mannes vor dem eisernen Eingangstor zu hören: »Help, please help!« Es ist offenbar, da empfiehlt sich Vorsicht, kein fingierter Überfall der Rumänienbanden. George ist der Sohn eines Londoner Parlamentsabgeordneten anglokaribischer Herkunft. Er trägt T-Shirt und Bermudashorts, seine Beine sind blutig aufgeraut. Die Guardia Civil hat ihn in einem Hotel festgenommen, wo seine Discofreundin einen Kollaps erlitt. George muss sich dann zu sehr aufgespielt haben, jedenfalls rief der Empfangschef die Polizei. Die Beamten packten den jungen Mann, schubsten ihn in ihren Streifenwagen und fuhren in den nächsten Wald. Dort luden sie ihn aus, verprügelten und malträtierten ihn mit dem Schlagstock auf obszöne Weise. »They have raped me«, stöhnt George; er wird mit Trinkwasser versorgt und zu seiner Unterkunft gebracht. Mithilfe des britischen Konsulats erstattet er noch am selben Tag Strafanzeige, fliegt aber am Abend lieber nach Hause. General Francos einstige Repressionsgarde ist entgegen ihrem Wahlspruch »Ehre ist meine Devise« auch heute im Umgang mit Ausländern, farbigen zumal, oft nicht zimperlich.

Der Königsberger, altersmilde fast schon von buddhistischer Gelassenheit, reklamiert für sich auf der nur fünfhundertsiebzig Quadratkilometer umfassenden Insel eine Art Heimatrecht, zugegeben etwas willkürlich. Denn zu seinen Vorfahren zählten wohl die Vandalen, die sich auf ihrem langen Weg der Völkerwanderung von der Ostsee bis zum spanischen Mittelmeer durchschlugen und auch auf Ibiza festsetzten. Spöttisch akzeptieren die einheimischen Ibizenkos solch eigenwillige Stammesbaumkunde.

Abel Matutes muss ebenfalls darüber schmunzeln. Die Vorfahren des Inselpaten sind im Zeitalter der Inquisition vom spanischen Festland auf die damals schon toleranten Balearen zugewandert. Mit dem Firmenimperium seines Clans kontrolliert der einstige EU-Investitionskommissar und Außenminister Spaniens so ziemlich alles von wirtschaftlicher Bedeutung: die Hotelfront der Playa d'en Bossa, neun Balearia-Fährschiffe, jede Menge Ländereien, dazu Steinbrüche, Baufirmen oder auch Europas größte Discopaläste Space und Privilege. So viel Engagement und Reichtum verschaffen dem eher bescheiden lebenden Paten manche Bewunderer, aber auch viele Neider und Gegner, weil er der Insel zuletzt den kost-

Fluchtgefährt im mediterranen Ruhestand:
der Bollerwagen auf Ibiza, 2013

spieligen Bau eines Schnellstraßennetzes aufzwang. Der Großvater, ein Großbankier, brachte 1905 mit einem Motor von Otto/Deutz den Strom nach Ibiza – »zwei Jahre vor Mallorca«, wie Matutes stolz bemerkt, »unsere Familie stand immer für wirtschaftliche Dynamik hier«. Der Inselpate träumt davon, aus Ibiza einmal ein zweites Monaco zu formen – mit einem Rundkurs für Rennwagen der Formel 1. Doch darüber redet Matutes lieber nicht öffentlich. Er weiß, solche Pläne könnten einen Volksaufruhr auslösen. Schon jetzt geht manchem das plärrige Luxusgehabe auf die Nerven. Etwa wenn sogenannte avantgardistische Restaurants ein abendliches Zwanzig-Gänge-Menü für tausendfünfhundert Euro anbieten.

Nach dem Tod des Vaters hat der Königsberger im Bergischen den schimmeligen Bollerwagen aus dem Heizungskeller geholt, ihn gesäubert und im Geländewagen nach Ibiza gebracht. Ein Gartengehilfe nutzt ihn, um vertrocknete Palmenblätter und Abfälle wegzukarren, doch diese Anstrengung ist einfach zu viel für das altersschwache Gefährt. Die Deichsel bricht aus dem verrosteten Scharnier. Einer der polnischen Alleskönner unter den Handwerkern auf der Insel erbarmt sich und brezelt den Fluchtbegleiter ein letztes Mal auf. Er wird so in den Ruhestand versetzt.

Im Garten der kleinen Finca steht der Bollerwagen seitdem würdevoll unter einem phönizischen Wacholderbaum, das milde Mittelmeerklima genießend. Mit prächtigem Blick über den Pinienwald hinunter zum Meer, das meist in ultramarines Blau getaucht ist. Dort veranstalten die Schüler von San Antonio mit ihren Jollen Segelregatten, rauschen die weißen Fährschiffe aus Dénia heran. Bisweilen ankert gleich vor der Küste mit der *Eclipse* die Superjacht jenes russischen Oligarchen und Multimilliardärs, der in London auch einen Fußballclub besitzt. Hundert-dreiundsechzig Meter lang ist dieser Stahlgigant, der die Kleinigkeit von etwa fünfhundert Millionen Euro gekostet haben soll und nachts eine Unterwasserbe-leuchtung einschaltet, um etwaige Attacken von Kampftauchern rechtzeitig zu erkennen. Übrigens ankern auch andere Boote, darunter die Leihjachten deutscher Weltfußballer, gerne in Buchten, da Ibiza die teuersten Hafengebühren des Mittelmeers abver-langt.

Das lang gezogene Eiland zur Linken mit dem Leuchtturm ist die Kanincheninsel Conillera, zu der es eine hübsche Legende gibt: Angeblich wurde dort vor über zweitausendzweihundert Jahren der punische Feldherr Hannibal geboren. Jedenfalls war dessen Vater Hamilkar Barkas seinerzeit Karthagos Flotten-kommandant auf den Balearen und residierte auf der Westseite Ibizas. Diese Legende, ein wenig ausge-schmückt, interessiert alle Besucher, selbst notorische Zweifler.

Kein Zweifel indes kann an einer Tat von moder-nem Vandalismus bestehen, deren Überreste auf dem Hügel neben dem Felsenkap Nono mit Gesteins-bergen und vertrockneten marokkanischen Palmen leicht auszumachen sind: Dort stand einst, verschachtelt aus rosafarbenen Kuben, das »Ali-Baba-Schloss« von Michael Cretu, die durchaus geschmackvolle Traumvilla des deutsch-rumänischen Musikers und Produzenten elektronischer Popmusik (unter anderem Enigma). Cretu wurde vorgeworfen, sein irdisches Paradies ohne gültige Baugenehmigungen geschaffen zu haben, obwohl entsprechende Papiere der lokalen Behörden vorlagen. Die Klage von Naturschützern endete mit der Abrissverfügung. Cretu verließ verbittert die Insel und lebt seitdem in einer westdeutschen Universitätsstadt. Auch die erste Etappe eines Rechtsstreits, bei dem es um Millionen geht, endete zu seinen Ungunsten.

Anders als die Schickeria auf der größeren Schwesterinsel Mallorca, die in Port Andratx gern protzig flaniert, machen die Promis auf Ibiza nicht sonderlich viel von sich her. Der weltberühmte Filmregisseur aus Polen, der vormalige Formel-1-Weltmeister aus Wien, die Modedesignerinnen oder der Hamburger Versandhändler und Multimilliardär – sie alle genießen ihre Anonymität und Ruhe, engagieren sich allenfalls bei Aktionen gegen die Verschandelung der Insel durch monströse Bauten. Neuerdings indes erregt ein Projekt sämtliche Gemüter, dessen Fehlschlag die gesamte Inselwelt der Balearen existenziell bedrohen könnte: Es geht um die von der spanischen Regierung genehmigten Ölbohrungen am Meeresboden in einer Region vor Valencia. Die Angst vor einer Ölpest und damit womöglich das Ende des Touristenbooms treiben schon vor Beginn der seismografischen

Erkundungen Hunderttausende Demonstranten der »Allianz Blaues Meer« auf die Straßen. Zumal das Potenzial alternativer Energiequellen wie Wind- und Solarkraft auf den Balearen bislang nur unzureichend genutzt wird.

Dann, im Mai 2010, kommt der schon lange befürchtete Alarmruf aus dem Bergischen: Die Schauspielerin, einen Monat vor ihrem vierundneunzigsten Geburtstag, ist bettlägerig und hat aufgehört zu essen. Offensichtlich will sie sterben. Einer Ostpreußin etwas auszureden ist schwer möglich. Der Sohn versucht es erst gar nicht, als er sie auf dem Krankenbett sieht: Wie schmal und zerbrechlich ist sie doch geworden! Es bereitet ihr Mühe, zu sprechen. Einer der ersten Sätze ist die Frage: »Wie geht es denn unserem Bollerwagen?« Dabei weist die schlaff erhobene Rechte zu einem Foto auf der Kommode hin, das den Bollerwagen auf Ibiza zeigt. »Der ist noch ganz gut beieinander«, lautet die Antwort, und ein paar Stationen der gemeinsamen Flucht tauchen in der Erinnerung wieder auf. »Vielleicht schreibst du doch noch mal alles auf«, lautet der letzte Wunsch der Mutter.

Es ist Mitte Mai. Sie hat das Klappfenster von ihrer polnischen Betreuerin öffnen lassen. Draußen tiriliert die gesamte Vogelschar. Beide wissen, dass dies ihre letzte Begegnung ist. Bei der Umarmung zum Abschied küsst die Mutter ihn auf den Mund. Der Sohn kann sich solch einer intimen Zärtlichkeit von ihr nicht erinnern. Vier Tage darauf ist sie tot. Am Tag danach trifft ein Schreiben aus dem Vatikan ein. Ein Freund hatte einen CD-Mitschnitt der Traunsteiner St.-Georgs-Messe des Vaters nach Rom geschickt. Jetzt lässt Papst Benedikt XVI. seinen Dank dafür der Familie übermitteln, »mit Gottes beständigem Schutz und seinem reichen Segen«.

Die alte Künstlerin ist abgetreten. Aber dem Sohn, blickt er auf Ibiza spätabends zum Geschnarre der Singzikaden in den leuchtenden Sternenhimmel, will es bisweilen so scheinen, als schaue sie uns von dort oben weiter zu. Dann natürlich aus dem Sternbild des Großen Wagens, wo sie ganz oben sitzen muss an der Deichsel.

Eine Kakteenstaude auf dem Bollerwagen erinnert an seine frühere Besitzerin, das hätte der Königsbergerin gewiss gefallen. Die kleinen Wildkatzen spielen auf dem einstigen Fluchtgefährt und verstecken sich schnell darunter, sehen sie den Falken am Himmel. Besucher sind gerührt, hören sie die Geschichte des Wägelchens. Es wird dort nicht bleiben, sollte die Zeit auf Ibiza einmal vorbei sein. Versprochen.

Dank

Soweit der Text dieses Buches nicht auf eigenen Erlebnissen beruht, habe ich mich bei den kulturpolitischen Passagen der Kapitel »Königsbergs Untergang« und »Kaliningrad« mit Anleihen zu bedanken bei den Autoren Jürgen Manthey, Fritz Gause, Andreas Kossert, Marion Gräfin Dönhoff, Arno Surminski, Karl Schlögel und Hans Graf Lehndorff. Zur Beschreibung der Nachkriegszeit im Chiemgau waren die politischen und wirtschaftlichen Dokumentationen von Gerd Evers hilfreich. Materialien über das Köln der Fünfzigerjahre beschaffte Klaus Liebe, desgleichen für das Bergische Land Bernhard Schulte und Klaus-Dieter Buse. Den Part der kritischen Gegenleser übernahmen meine Frau Anna Maria Ihlau und Stefan Mayr, Lektor des Siedler Verlags. Ihnen beiden herzlichen Dank. Thomas Rathnow, der in Zeiten zunehmender finanzieller Engpässe das Wagnis auf sich nahm, ein Buch dieser Art herauszubringen, gilt meine besondere Wertschätzung.

ANHANG

Literatur

Aust, Stefan, u. Burgdorff, Stephan (Hg.): *Die Flucht. Über die Vertreibung der Deutschen aus dem Osten.* Stuttgart/München 2002.

Benjamin, Walter: *Illuminationen. Ausgewählte Schriften.* Frankfurt 1977.

Birnbaum, Immanuel: *Achtzig Jahre dabei gewesen. Erinnerungen eines Journalisten.* München 1974.

Boockmann, Hartmut: *Ostpreußen und Westpreußen.* München 1995.

Dietmar, Carl: *Die Chronik Kölns.* Dortmund 1991.

Die 40 Jahre nach der Wiedergeburt 1949 – 1989. Beilage des *Kölner Stadt-Anzeigers.* Köln 1989.

Dönhoff, Marion Gräfin: *Namen die keiner mehr nennt. Ostpreußen – Menschen und Geschichte.* Düsseldorf/Köln 1962.

Evers, Gerd: *Befreiung Besatzung Erneuerung. Kreis und Stadt Traunstein 1945 – 1949.* Ising 1996.

–: *Ich habe doch nichts als meine Pflicht getan. Eine Dokumentation zur politischen Geschichte Traunsteins.* Ising 2008.

–: *Traunstein 1918 – 1945. Ein Beitrag zur Geschichte der Stadt und des Landkreises Traunstein.* Ising 2013.

Felder, Josef: Brief vom 11. April 1946 an den Partei-freund Aschauer. Archiv Friedrich Ebert Stiftung.

Gause, Fritz: *Die Geschichte der Stadt Königsberg in Preußen.* Köln/Weimar 1996.

Hausmann, Willi: *Im Herzen des Bergischen Landes.* Dabringhausen 1974.

Heye, Uwe-Karsten: *Die Benjamins. Eine deutsche Familie.* Berlin 2014.

Hoppe, Bert: *Auf den Trümmern von Königsberg. Kaliningrad 1946 – 1970.* München 2000.

Ihlau, Fritz: Tagebücher I bis V, 1929 bis 1957. In Privatbesitz.

Ihlau, Olaf: »Der Fluchthelfer«. *Zeit-Magazin*, 39/ 2013.

–: »Bald ist uns Berlin näher«. *Der Spiegel*, 37/1999.

–: »Mich kriegt hier keiner weg. Neonazis und deutschnationale Wirrköpfe in Kaliningrad«. *Der Spiegel*, 51/1997.

–: »Einmal Kaliningrad bitte! Neun Stunden in einer verbotenen Stadt«. *Süddeutsche Zeitung*, 24./25. Oktober 1987.

Ihlau, Olaf, u. Neef, Christian: »Moskaus ungeliebte Beute«. In: *Der Spiegel*, 26/2005.

Jegorow, Wladimir: »Wir brauchen das reiche Europa«. *Der Spiegel*, 11/2001.

Königsberger Allgemeine Zeitung. Notstands-Ausgabe vom 31. August 1945.

Kostjaschow, Jurij: »Königsberg/Kaliningrad nach 1945, Vertreibung des preußischen Geistes«. Privat.

Kopelew, Lew: *Aufbewahren für alle Zeit!.* Göttingen 1996.

Kossert, Andreas: *Ostpreußen. Geschichte und Mythos.* München 2005.

–: *Damals in Ostpreußen. Der Untergang einer deutschen Provinz.* München 2008.

Kuenheim, Haug von: »Die versunkene Stadt. Streifzüge durch 750 Jahre Königsberger Geschichte«. *Die Zeit,* 23/2005.

Lehndorff, Hans Graf: *Ostpreußisches Tagebuch. Aufzeichnungen eines Arztes aus den Jahren 1945 – 1947.* München 1961.

Manthey, Jürgen: *Königsberg. Geschichte einer Weltbürgerrepublik.* München 2005.

Matull, Wilhelm: *Liebes altes Königsberg.* Leer 1987.

Neuschäffer, Hubertus: *Das »Königsberger Gebiet« nach 1945.* Plön 1991.

Schlögel, Karl: »Kaliningrad/Königsberg«. *Die Zeit,* 46/1992.

Schwetje, Wiltrud (Hg.): *Goodbye Tanit? Ibiza – zwischen Traum und Trauma.* Heidelberg 2007.

Sommer, Cornelius: »Das erste Jahr in Kaliningrad. Aufzeichnungen des deutschen Generalkonsuls«. Privat.

Surminski, Arno: *Sommer vierundvierzig.* Berlin 1997.

Valero, Vicente: *Der Erzähler. Walter Benjamin auf Ibiza.* Berlin 2008.

Verwaltungsbericht des Amtes Wermelskirchen für die Rechnungsjahre 1939 bis 1957. Wermelskirchen 1958.

Weis, Norbert: *Königsberg. Immanuel Kant und seine Stadt.* Braunschweig 1993.

Wieck, Michael: *Zeugnis vom Untergang Königsbergs. Ein »Geltungsjude« berichtet.* Heidelberg 1988.

Wintgen, Thomas, u. a.: *Menschen, Fakten, Akten (1933 – 1945), Auswertung der Gestapo- und Entnazifizierungsakten.* Wermelskirchen, Beiträge zu unserer Geschichte, Band 9. Kaarst 2005.

Verzeichnis der Orte

Verzeichnis der Personen

Bildnachweis